KB212736

교양으로 읽는 서양음악사

교양으로 읽는

서양
음악사

야마사키 게이이치 지음

이정미 옮김

교양으로 읽는
서양음악사

발행일 2024년 8월 1일 초판 1쇄 발행
지은이 야마사키 게이이치
옮긴이 이정미
발행인 강학경
발행처 시그마북스
마케팅 정제용
에디터 최윤정, 최연정, 양수진
디자인 김문배, 강경희, 정민애

등록번호 제10-965호
주소 서울특별시 영등포구 양평로 22길 21 선유도코오롱디지털타워 A402호
전자우편 sigmabooks@spress.co.kr
홈페이지 http://www.sigmabooks.co.kr
전화 (02) 2062-5288~9
팩시밀리 (02) 323-4197
ISBN 979-11-6862-270-8 (03900)

JINSEI GA TANOSHIKUNARU SEIYO ONGAKUSHI NYUMON
Copyright © 2023 by Keiichi YAMASAKI
Korean Translation Copyright © 2024 by Sigma Book
All rights reserved.
First original Japanese edition published by PHP Institute, Inc., Japan.

Korean translation rights arranged with PHP Institute, Inc.
through Duran Kim Agency.

지도 제작: ㈜ 웨이드 (株)ウエイド

이 책의 한국어판 저작권은 듀란킴 에이전시를 통한 PHP Institute, Inc.와의 독점계약으로 시그마북스에 있습니다.
저작권법에 의하여 한국 내에서 보호를 받는 저작물이므로 무단전재와 무단복제를 금합니다.

파본은 구매하신 서점에서 교환해드립니다.

* 시그마북스는 ㈜ 시그마프레스의 단행본 브랜드입니다.

음악과 역사의
불가분한 관계

✦ 역사를 알면 클래식 음악이 더 재밌어진다

"나는 인생의 기쁨을 대부분 음악에서 얻습니다."

20세기 최고의 물리학자 아인슈타인은 이렇게 말했습니다. 그는 어릴 때부터 바이올린을 배웠고 '물리학자가 되지 않았다면 음악가가 되었을 것'이라고 말하기도 했지요.

이 책을 쓴 저도 음악에서 많은 기쁨을 얻고 있습니다. 중학생 때부터 취주악*단과 오케스트라에서 활동했으며 현재도 악기를 즐겨 다룹니다. 동료들과 함께 연주한 곡 하나하나는 평생 잊지 못할 추억이 되었지요. 물론 클래식 음악 연주회에 가거나 CD를 듣는 것도 매우 좋아합니다.

음악을 좋아하는 저에게는 또 다른 얼굴도 있습니다. 바로 공립 고등학교에 근무하며 유튜브에 강의 영상을 올리는 역사 선생님이라는 얼굴입니다. 수험생이나 역사를 다시 공부하려는 성인들이 저의 강의를 봐주신 덕분에 채널 구독자 수가 13만 명을 넘어섰고, 제가 쓴 책은 총판매량이 100만 부를 넘길 정도로 많은 관심을 받고 있습니다.

이러한 일과 취미 생활을 하는 제가 이 책에서 여러분에게 하고 싶은 말

---

* 관악기를 사용해 연주하는 음악. - 옮긴이

은 '역사를 알면 클래식 음악이 더 재밌어진다'는 사실입니다. 역사를 공부하면 음악이 주는 기쁨이 몇 배나 더 커지지요.

✦ 어디에도 없는, 역사와 음악을 함께 소개하는 책

이 책을 펼친 여러분에게도 어린 시절이 있었지요. 그렇다면 한번 초등학교 음악실을 떠올려봅시다. 아마 음악실 벽에는 많은 작곡가의 초상화가 걸려 있었을 것입니다. 그리고 그 밑에는 작곡가의 이름과 출생·사망 연도, 음악의 역사를 나타내는 연표가 덧붙여져 있지요. 이처럼 음악과 역사는 떼려야 뗄 수 없는 관계에 놓여 있습니다.

작곡가들은 저마다 살아온 시대와 경험한 사건 속에서 곡을 만듭니다. 그 시대와 상징적인 사건을 알면 "아, 이래서 이 음악이 작곡되었구나" 혹은 "이 음악은 그 사건에 영감을 받았구나"처럼 좀 더 깊이 음악을 이해할 수 있습니다.

실제로 연주회에 가서 책자를 보거나 CD 속 해설문을 읽으면 '낭만파'나 '바로크' 등의 용어가 나오고, '합스부르크가의 누구누구를 위한 곡' 혹은 '무슨무슨 사건을 음악으로 표현했다' 등의 설명이 적혀 있습니다. 하지만 역사를 잘 알지 못하면 읽어도 충분히 이해하기는 어렵지요. 또 서점에 가면 '음악사'라는 제목이 붙은 책을 많이 볼 수 있지만, 여기에는 어디까지나 '음악'의 역사가 적혀 있을 뿐 중요한 역사 이야기는 빠져 있습니다. 역사에 대한 사전 지식이 있어야만 이해할 수 있는 상급자용 책이 대부분이지요.

그래서 이 책은 유럽을 중심으로 한 지역의 역사와 음악의 역사를 함께 전달해서 양쪽을 병행해 이해할 수 있는 '입문자용'으로 썼습니다. 평소에 클래식 음악을 즐겨듣는 분과 앞으로 클래식 음악을 자주 듣고자 하는 분이 읽으면 음악을 듣는 기쁨이 배로 커지고 인생이 한층 더 즐거워질 것입니다.

✦ 이 책의 특징

역사와 음악에는 두 가지 연결고리가 있습니다. 하나는 '그 시대에 살았던 작곡가'이고, 다른 하나는 '그 시대를 소재로 한 곡'이지요. 예를 들면, 18세기 작곡가 헨델은 예수 그리스도를 소재로 한 곡 〈메시아〉를 작곡했는데, 예수는 1세기경 로마 제국 시대의 인물인 것처럼 말입니다.

그래서 이 책은 먼저 역사 이야기와 그 시대의 사건과 인물을 소재로 한 곡을 소개하고, 그다음에 그 시대에 살았던 작곡가와 그의 대표곡을 해설하려 합니다. 정리하자면 아래와 같이 두 편으로 나누어서 구성됩니다.

① 역사 이야기, 그 역사와 관련된 곡
② 해당 시대의 작곡가와 그의 대표곡

이 책의 또 다른 특징은 곡을 설명하는 부분에 참고할 만한 동영상 QR 코드가 붙어 있다는 점입니다. 음악은 문장으로 다 표현할 수 없어서 직접 듣지 않으면 그 매력을 알기 어렵습니다. 그래서 여러 아티스트의 공식 채널을 중심으로 주요 부분에서 시작하는 유튜브 동영상의 링크를 달아놓았습니다. 꼭 음악을 함께 들으면서 책을 읽어주세요. 그리고 가능하다면 주요 부분뿐 아니라 전곡을 들어보길 추천합니다. 그럼 이제 역사와 함께하는 음악 여행을 시작해볼까요.

* 이 책의 QR 코드에 대해서
이 책에는 곡을 이해하는 데 참고할 만한 유튜브 동영상의 링크가 QR 코드 형태로 수록되어 있습니다. QR 코드를 찍어 연결하면 외부 사이트가 열리고 설명하고 있는 곡의 주요 부분이 재생됩니다(이때 광고가 나오는 경우도 있습니다). QR 코드의 링크는 2023년 5월 1일 기준으로 작성되어서 동영상이 삭제되거나 이동되었을 가능성도 있으니 이 점 양해 부탁드립니다. QR 코드는 주식회사 덴소 웨이브의 등록 상표입니다.

제 4 장
바로크 음악 (17~18세기 전반)

제 5 장
고전파 음악 ① (18세기 중기~후기)

제 9 장
20세기 전반의 음악

제 10 장
전후의 세계

제 1 장

태고의 음악과
고대의 음악

남겨진 멜로디가 없는
음악의 고고학 시대

✦ 역사 훑어보기

이 장에서는 인류의 기원과 그리스·로마 시대의 역사와 음악을 다룹니다. 인류가 탄생하고 문명이 시작된 때부터 지중해 지역의 그리스 문명과 고대 로마까지 나아갑니다.

이 책은 '서양음악사'를 중심으로 이야기를 진행합니다. 서양 문화의 기원은 그리스와 로마 시대에서 찾을 수 있지요. 로마 시대에는 세계적인 종교인 기독교가 성립되었습니다. 기독교는 로마제국 후기인 제정 시대에 공인되어 단숨에 로마 제국 안에 퍼졌지요. 이후 유럽 문명의 바탕이 되면서 기독교와 관련된 곡이 많이 작곡되었습니다. 이 장에서는 기독교의 시작과 그 전신인 유대교의 성립에 관해서도 살펴보겠습니다.

✦ 음악 훑어보기

음악의 기원은 인류의 탄생과 함께합니다. 소리로 무언가를 표현하고 의사소통을 하다가 점차 음악의 형태를 갖추어 갔지요. 하지만 태고와 고대에 만들어진 악보가 출토된 사례는 없어서(전혀 없다고는 할 수 없지만) 어떤 멜로디를 지닌 곡이었는지는 알려진 바가 없습니다.

태고와 고대 음악의 무대
(고대 유럽 · 서아시아)

- 2세기 초 로마 제국의 최대 영역
- 기원전 500년경 그리스의 도시국가와 페르시아 제국의 범위
- 로마
- 스파르타 · 아테네
- 카르타고
- 바빌론
- 이집트
- 유대교가 시작된 팔레스타인 지방

  역사에서 문자가 만들어지기 전의 시대는 발굴된 유물을 통해 추측하는 '고고학'의 분야이듯이, 음악에서도 악보가 없는 시대는 악기 등 출토된 물건을 바탕으로 어떠한 음악이 있었는지 짐작하는 수밖에 없습니다. 음악의 '고고학'에 해당하는 시대라고 볼 수 있지요.

  따라서 이 장에서는 그 시대에 살았던 작곡가의 곡이 아닌, 그 시대에 일어난 일이나 고대의 이야기를 소재로 후대의 작곡가가 만든 곡을 중심으로 소개하겠습니다.

인류의 탄생과 함께 시작된 음악의 역사

✦ 태고의 역사와 음악의 시작

그럼 유럽의 역사와 음악의 역사를 함께 찾아 떠나는 긴 여행을 시작해 볼까요. 음악의 기원을 찾아 거슬러 가면 아득히 먼 옛날 태고 시대에 다다릅니다. 동물들도 음의 높낮이나 가락으로 의사소통을 하듯이, '음악'이라고 부르지는 못하더라도 소리로 뭔가를 표현하고 의사소통을 하는 행위는 틀림없이 인류의 탄생과 함께 시작되었을 테니까요. 인류가 지금 우리와 같은 언어를 사용하게 된 때는 약 5~10만 년 전으로 보는데, 언어란 눈에 보이지 않다 보니 정확하게 언제 시작되었는가에 대해서는 여러 설이 존재합니다.

음악도 언어처럼 눈에 보이지 않습니다. 다만, 그 흔적이 현대에까지 남아 있는 경우가 있지요. 바로 출토된 악기들입니다. 2010년 독일 남부 지방의 한 동굴에서는 약 4만 년 전에 매머드의 이빨과 독수리의 뼈로 만든 피리가 발견되었습니다. 속이 빈 통에 구멍이 뚫린 모양새가 구멍을 여닫으며 여러 음정을 연주했던 악기였음을 말해줍니다. 이 시대는 인류의 역사에서 '크로마뇽인'의 시대로, 악기 외에도 프랑스와 스페인에서는 동굴 벽화와 조각 그리고 장신구처럼 '예술'의 싹이 다수 발견되었습니다.

기독교의 기원이자
음악의 소재로 자주 쓰인 유대교

✦ 팔레스타인 지방에서 탄생한 유대교

유럽의 많은 나라에서는 기독교를 믿으며, 그들의 역사와 문화가 기독교와 깊은 관계를 맺고 있다는 사실은 많은 분이 알고 있을 것입니다.

그 기독교의 뿌리가 된 종교가 **유대교**입니다. 유대교는 단 하나의 신을 섬기는 '유일신교'의 원류로 기독교와 이슬람교의 바탕이 되었으며 세계 역사적으로 매우 중요한 종교입니다.

유일신교에서는 '신은 오직 하나'임을 전제로 합니다. 따라서 유대교, 기독교, 이슬람교 모두 '같은 신'을 숭배한다고 볼 수 있습니다. 유럽의 회화나 음악에는 예수의 생애, 기독교와 관련된 인물과 사건을 소재로 한 작품이 많은데, 이와 마찬가지로 기독교의 뿌리인 유대교를 소재로 삼은 경우도 많습니다.

역사적으로 보면 유대계 작곡가나 연주가도 많습니다. 멘델스존, 말러, 번스타인, 쇤베르크 등은 음악사에서 결코 빼놓을 수 없는 인물들이지요. 따라서 유럽 역사로 들어가기에 앞서 유대교를 탄생시킨 기원전의 서아시아, 팔레스타인 지방의 역사에 대해 살펴보겠습니다.

✦ 이집트를 떠나 팔레스타인에 정착하다

유대교는 <u>헤브라이인</u>, 즉 <u>유대인</u>의 민족 종교입니다('헤브라이인'은 다른 민족이 이들을 부르던 이름으로, 스스로는 '이스라엘인'이라고 불렀습니다).

헤브라이인은 기원전 1500년경 팔레스타인에 정착했는데 그중 일부는 팔레스타인에서 기근이 일어났을 때 이집트로 이주합니다. 하지만 이집트에서 헤브라이인은 점차 노예와 같은 취급을 받지요.

이후 기원전 13세기경 신의 명령에 따라 고통받는 헤브라이인을 데리고 이집트를 탈출한 이가 <u>모세</u>라고 하는 인물입니다. 이때 모세는 신에게서 헤브라이인이 지켜야 할 열 가지 계율인 '십계명'을 부여받습니다. 헤브라이인은 모세의 후계자 여호수아의 시대에 '약속의 땅'이라 불리던 팔레스타인으로 귀환하는 데 성공합니다.

이 사건으로부터 헤브라이인이 계율을 지키면 '약속의 땅' 팔레스타인을 차지할 수 있으며 신의 여러 은총을 입게 된다는, 유대교의 근간을 이루는 가르침이 자리 잡습니다.

✦ 바빌론 유수와 유대교의 시작

이집트를 탈출해 팔레스타인으로 귀환한 헤브라이인은 이곳에 '<u>헤브라이 왕국</u>'을 세웁니다. 헤브라이 왕국은 한시적으로 크게 번영하지만 어느 사이엔가 남과 북으로 분열되고 외적의 침입으로 멸망하지요.

이때 남쪽 유대 왕국을 몰락시킨 나라가 신바빌로니아 왕국입니다. 신바빌로니아 왕국의 왕은 유대 왕국의 민중을 바빌론으로 데려가 농업과 수로 공사 일을 시킵니다. 이것이 기원전 597년부터 시작된 '<u>바빌론 유수(幽</u>

囚'라고 불리는 사건이지요. 약 60년간 이어진 바빌론 유수는 헤브라이인에게 민족적으로 커다란 고난이었습니다. 이 고통 속에서 헤브라이인은 자신들의 신을 강하게 의식했고, 신과의 약속을 지키며 구세주의 출현을 간절하게 기다리는 종교, 유대교가 성립합니다.

이와 같은 유대교 성립에 관한 이야기는 『구약성경』에 실려 있습니다. 이후 유대인 사회에서 예수 그리스도가 등장하고 유대교를 모체로 한 기독교가 성립되면서 예수의 언행을 기록한 『신약성경』이 나옵니다. 이 『신약성경』과 함께 유대교의 성전인 『구약성경』도 기독교의 성전으로서 유럽 사회에 뿌리내린 것이지요.

이에 따라 하이든의 〈천지창조〉, 베르디의 〈나부코〉, 생상스의 〈삼손과 델릴라〉 등 유대교 성립에 관한 클래식 곡이 많이 만들어졌습니다.

바빌론 유수를 소재로 한 곡

베르디의 오페라 〈나부코〉 중
'가라, 상념이여. 황금빛 날개를 타고' (1842)

이탈리아 작곡가 베르디의 〈나부코〉는 바빌론 유수를 주제로 한 오페라입니다. 그중에서도 바빌론으로 끌려간 헤브라이인이 조국을 향한 그리움을 담아 노래한 '가라, 상념이여. 황금빛 날개를 타고'라는 합창곡이 유명합니다. 이 곡은 19세기 전반 이탈리아 북부가 오스트리아 제국에 점령당했을 때 해방을 염원하는 이탈리아인의 마음을 사로잡으며 '제2의 국가'로 불렸습니다. 지금도 이탈리아에서는 널리 사랑받는 곡입니다.

신화의 고향에서 태어난 문명과 폴리스 사회의 번영

✦ 수많은 신화가 탄생한 에게 문명

헤브라이인이 팔레스타인에 정착했을 때, 그리스 에게해 주변에는 문명이 싹텄습니다. 바로 기원전 2000년경부터 기원전 1200년경까지 번성했던 <u>에게 문명</u>입니다.

에게 문명은 크레타 문명이라 불리는 전기 문명과, 미케네 문명이라 불리는 후기 문명으로 나뉩니다. 고대 에게해는 많은 신화가 탄생한 '신화의 고향'으로 그중 대부분은 현재 그리스 신화로 전해집니다.

✦ 폴리스 사회의 번영

시간이 흘러 기원전 800년경에는 **아테네**와 **스파르타** 등 **폴리스**라고 불리는 그리스 도시 국가가 발달하기 시작합니다. 기원전 4세기경까지 그리스 세계의 폴리스는 번성기를 맞이했지요.

아테네는 처음에 귀족이 지배하던 폴리스였지만 상공업이 발전하면서 점차 평민에게도 발언권이 생겼고, 기원전 5세기에는 성인 남성 전원이 정치에 참여하는 **직접 민주정**이 성립되었습니다.

아테네의 라이벌로 알려진 스파르타는 '스파르타 교육'으로 유명하듯이,

시민들에게 엄격한 훈련을 실시하는 군국주의 폴리스였습니다. 이 두 개의 큰 폴리스 외에도 그리스에는 수많은 폴리스가 있었지요.

✦ 극장에 남아 있는 그리스 음악의 흔적

고대 그리스에서 음악은 의식을 치를 때 빼놓을 수 없는 요소였습니다. 아테네 등 그리스 도시 국가의 유적에서는 많은 극장이 발견되었는데, 이를 토대로 희극이나 비극 등의 공연이 일상적으로 상연되었음을 알 수 있지요.

그리스 신화의 태양신 아폴론은 보통 손에 리라*를 들고 있는 모습으로 표현됩니다. 그는 '피리, 리라, 족자' 등 음악이나 문예와 관련된 여신들을 거느렸는데, 이러한 여신들을 '무사(영어로는 뮤즈)'라고 했으며 그녀들이 관장하는 음악과 문예는 '무지케'라고 불렸습니다. 이 '무지케'라는 말이 영어 '뮤직'이 된 것이지요. 그리스의 폴리스에는 아폴론 신처럼 리라를 손에 들고 음악을 즐긴 시민이 많았습니다(지금도 콘서트홀 앞이나 지붕 위에는 리라를 든 아폴론 상이 있는 경우가 많습니다. 우리도 모르게 스쳐 지나왔는지도 모르지요. 유명한 작품으로는 파리의 오페라 극장 지붕 위에 있는 아폴론 상으로, 금으로 된 리라를 들고 있습니다).

하지만 서양 음악 세계에서 그리스 신화를 표현한 곡은 그리 많지 않습니다. 기독교의 영향력이 강했던 유럽에서 그리스 신은 '이교도의 신'이어서 중심 소재로 쓸 수는 없었기 때문이지요. 그리스 신화를 소재로 한 곡이 많이 나온 시기는 기독교의 영향력이 약해지고 자유로운 소재로 음악을 만들기 시작한 근대 이후입니다.

---

* 하프와 비슷한 고대 그리스의 현악기. - 옮긴이

✦ 음악도 수학의 일부라고 여긴 피타고라스

'피타고라스의 정리'로 잘 알려진 기원전 6세기경의 그리스 수학자 피타고라스는 철학과 천문학 연구로도 유명한데 그의 연구 분야에는 음악도 있었습니다.

예를 들면, 악기에 팽팽하게 달린 줄을 당겼다 놓았을 때 나오는 소리를 '도'라고 합시다. 그리고 이보다 반 정도 짧은 줄을 튕기면 한 옥타브 높은 '도' 소리가 납니다. 마찬가지로 2/3 길이에 해당하는 줄을 튕기면 '솔' 음이 납니다. 또 3/4 길이의 줄을 튕기면 '파' 음이 나지요(이렇게 '몇 분의 몇'처럼 일정 비율에 따라 길이가 다른 줄로 만든 음을 순서대로 배열하면 우리가 알고 있는 '음계'가 완성됩니다).

피타고라스는 2:1, 3:2, 5:4와 같이 동시에 튕긴 현의 길이가 단순한 비율에 가까울수록 아름다운 소리가 난다는 사실을 발견했습니다.

세상 모든 것이 '수'로 구성되며 '수'의 법칙으로 지배되고 있다고 생각한 수학자 피타고라스에게는 음악도 수학의 일부였던 셈입니다.

사실 피타고라스와 그의 학파는 이 연구를 비밀에 부치는 바람에 음정의 법칙을 피타고라스와 그의 학파가 발견했다는 확실한 증거는 없습니다. 하지만 '피타고라스의 조율법'이라는 말이 남아 있듯이 그의 이름은 지금도 음악 용어로써 널리 사용되고 있지요.

✦ 강적 페르시아를 이겼지만 쇠퇴의 길로 접어든 그리스

아테네와 스파르타처럼 폴리스 사회가 발전했을 무렵 동쪽에서는 페르시아라는 거대 제국이 성장하고 있었습니다. 페르시아 제국은 인도부터 에게해에 걸친 광대한 영토와 강력한 병력을 기반으로 많은 민족을 자신들의 지배하에 두었지요.

이 페르시아 제국이 그리스로 원정을 떠나 그리스의 폴리스와 벌인 전쟁이 '**페르시아 전쟁**'입니다. 마라톤 전투와 살라미스 해전과 같은 격전을 거치며 아테네와 스파르타를 중심으로 한 그리스 연합군은 힘을 모아 페르시아를 물리쳤지요. 하지만 페르시아 전쟁은 끝내 그리스의 쇠퇴를 불러왔습니다.

강적 페르시아 제국을 격퇴했으나 완전히 멸망시킨 것은 아니었기 때문이지요. 여전히 페르시아 제국은 막강했습니다.

그 때문에 에게해 주변 폴리스들은 페르시아가 다시 쳐들어올 것에 대비해서 델로스 동맹을 결성합니다. 그리고 그곳의 맹주는 그리스 전체에서 지도적인 위치에 서 있고, 페르시아 전쟁에서 처음부터 끝까지 그리스를 중심으로 싸웠던 아테네가 차지합니다.

이를 위협적으로 느낀 곳이 스파르타입니다. 스파르타는 이미 펠로폰네소스 동맹이라는 도시 국가 간의 동맹을 이끌고 있었기에 페르시아에 대항해야 한다는 명분이 있긴 했지만, 아테네를 중심으로 하는 델로스 동맹의 결성은 반갑지 않았지요.

갈등이 심화된 아테네와 스파르타가 저마다 동맹을 끌어들이자 **펠로폰네소스 전쟁**이 일어납니다. 공통의 적에게는 모두 힘을 합쳐 맞섰지만 위기가 지나가자 같은 편이었던 이들끼리 서로 으르렁대는 상황이었지요.

이 전쟁이 장기화되자 그리스 세계 전체가 피폐해지고 쇠퇴의 길로 접어듭니다. 이후 그리스 세계에 등장한 이가 젊은 영웅 알렉산드로스입니다.

요제프 슈트라우스의 왈츠 〈천체의 음악〉 (1868)

천문학 연구로도 유명한 피타고라스는 각각의 행성이 독자적인 음을 발하며 우주 전체가 하나의 음악을 연주하고 있다는 독특한 사고방식을 가지고 있었습니다. 19세기에 이러한 신비로운 사고방식이 점성술의 유행과 함께 널리 퍼졌고, 여기에 영향을 받은 빈의 작곡가 요제프 슈트라우스가 만든 곡이 왈츠 〈천체의 음악〉입니다. 빈 필하모닉 신년 음악회의 고정 곡이기도 합니다.

그리스 신화를 소재로 한 곡

스트라빈스키의 발레 음악
〈뮤즈를 인도하는 아폴론〉 (1927~1928)

러시아 작곡가 스트라빈스키는 대규모 오케스트라를 동원한 다채롭고 화려한 곡으로 잘 알려져 있습니다. 하지만 이 곡은 현악기만을 사용한 작은 합주곡이지요. 아폴론 신과 무사의 여신 중 세 명을 표현한 발레곡으로, 화려하진 않아도 때로는 속삭이듯, 때로는 춤추듯 멋스럽게 들리면서 동시에 고풍스러움과 우아함이 풍기는 곡입니다.

그리스에서 인도까지
거대 제국을 만든 젊은 영웅

✦ 거대 제국으로 동서 문화가 융합되다

그리스에서 인도에 걸친 대제국을 만들며 고대사를 화려하게 장식한 영웅적 인물이 <u>알렉산드로스 대왕</u>입니다. 이 알렉산드로스를 낳은 나라가 그리스 북부에 위치한 마케도니아 왕국이지요.

세계사에서는 알렉산드로스의 업적이 더 유명하지만 그의 아버지 필리포스 2세도 훌륭한 왕이었습니다. 마케도니아의 군사 시설과 장비를 정비하고 펠로폰네소스 전쟁으로 피폐해진 그리스로 진출해 그리스 전 영역을 지배했지요. 필리포스 2세가 세상을 떠나자 아들 알렉산드로스가 뒤를 이었습니다. 그리고 기원전 334년 알렉산드로스는 마케도니아와 그리스의 군사를 이끌고 동방 원정을 떠나 페르시아 제국을 멸망시키고 인도 북서부까지 세력을 확장합니다.

알렉산드로스가 그리스에서 인도에 걸친 대제국을 만든 덕분에 동서 문화가 융합된 헬레니즘 문화가 탄생합니다. 하지만 그가 서른둘이라는 젊은 나이에 죽음을 맞이하자 거대 제국은 분열하고 맙니다. 알렉산드로스는 역사상 커다란 발자취를 남긴 인물이지만 그를 소재로 한 클래식 곡은 많지 않습니다.

이탈리아반도의 도시 국가에서
시작해 지중해 전체를 지배한 로마

✦ 많은 곡의 소재로 쓰이는 로마의 영광

알렉산드로스의 등장과 죽음 그리고 이후 제국이 분열하기 시작할 무렵, 지중해 지역으로 시선을 옮기면 이탈리아반도의 통일을 착실하게 이루어 나가던 나라가 있었습니다. 바로 로마입니다.

로마는 작은 도시 국가에서 시작해 이윽고 서유럽에서 지중해에 이르는 대제국을 세우고 훗날 유럽 세계에 커다란 영향을 끼치는 나라가 됩니다. 문화적으로도 로마의 문화는 그리스 문화와 함께 유럽 문화의 기초를 이루지요. 현재 로마 시대의 음악은 거의 남아 있지 않지만 로마의 역사를 소재로 한 클래식 곡은 매우 많아서 많은 이들이 로마의 번영을 그리워하고 있음을 알 수 있습니다.

✦ 최대의 라이벌을 물리치고 지중해의 패권을 쥐다

'로마는 하루아침에 이루어지지 않았다'는 말처럼 로마는 작은 도시 국가에서 긴 역사를 거쳐 대제국으로 거듭났습니다. 로마 역사의 전반기는 (초창기를 제외하고) 왕과 황제가 없던 시대였습니다. 보통 '로마 공화정 시대'라고 부르지요. 공화정의 '공화'란 '왕이 없다'는 뜻으로 이 시기에는 귀족과 평민으로 대표되는 계급 간의 갈등이 끊이지 않았습니다. 하지만 내부의 갈등을 끌어안은 채 로마는 이탈리아반도 각지의 세력과 싸워 이기며 순조롭게 영토를 넓혔습니다. 그리고 결국 이탈리아반도를 통일시켰지요. 토목 기술과 통치 제도 구축에 뛰어났던 로마는 전쟁을 이어가는 한편, 도로를 건설하고 통치 제도를 확고히 하며 착실하게 자신들의 지배력을 다져갔습니다.

기원전 3세기, 이탈리아반도를 통일한 로마 앞에 강적이 등장합니다. 지중해를 사이에 둔 건너편, 현재의 튀니지를 본거지로 삼고 있던 **카르타고**입니다. 이 카르타고와 로마가 지중해의 지배권을 걸고 싸운 전쟁이 **포에니 전쟁**입니다.

카르타고에는 세계사에서 손꼽히는 명장 **한니발**이 있었기에 로마는 멸망의 위기에 처하지만(한니발은 코끼리 부대를 이끌고 알프스산맥을 넘어 이탈리아

로마를 소재로 한 곡

레스피기의 교향시 〈로마의 소나무〉 중 '아피아 가도의 소나무' (1924)

이탈리아 작곡가 레스피기의 대표작 〈로마의 분수〉, 〈로마의 소나무〉, 〈로마의 축제〉는 '로마 3부작'으로, 로마의 여러 장소를 소재로 만들어진 다채로운 곡입니다. 〈로마의 소나무〉 중 네 번째 곡 '아피아 가도의 소나무'는 거리에 로마의 군대가 행진하는 모습을 훌륭하게 묘사하며, 로마 군의 영광이 눈앞에 펼쳐진 듯 생생하게 느껴지는 곡입니다.

북부로 돌아 들어가는 대규모 작전을 수행했지요), 로마에도 명장 스키피오가 등장하면서 전세는 역전됩니다. 결국 기원전 149년 포에니 전쟁은 로마의 승리로 끝이 납니다. 최대의 라이벌을 물리친 로마는 지중해의 패권을 장악합니다.

✦ 내란 시대와 영웅 카이사르의 등장

이처럼 로마는 순조롭게 세력을 확장했지만 안으로는 평민과 귀족의 대립이 이어지고, 로마에 정복당한 도시의 반란과 검투사 노예들의 반란이 더해지며 매우 혼란스러웠습니다. 이 시대(대략 기원전 2세기 후반부터 기원전 1세기 전반)를 '내란의 1세기'라고 부르지요.

이 혼란을 잠재우고 민중의 뜻을 하나로 모은 이가 **카이사르**를 비롯한 지도자들입니다. 그중에서도 카이사르는 갈리아(현재의 프랑스) 원정을 성공시키며 명성을 드높였고, 평민을 중심으로 한 넓은 층에 인기를 얻으며 독재적인 권력을 손에 넣습니다. 하지만 귀족을 중심으로 한 원로원은 평민의 지지를 받으며 혁명의 불씨를 키우는 카이사르가 공화정의 전통을 무시하고 스스로 왕위에 오르려 한다며 반발했지요. 결국 기원전 44년 카이사르는 공화파와 원로원의 전통을 중시하는 이들에게 암살당합니다.

카이사르는 죽었지만 그의 존재는 광대한 국가를 다스리기 위해서는 소수의 정치가에게 강력한 권력을 부여해 중대한 결정을 내리는 편이 안정적임을 분명하게 보여주었습니다. 결국 로마는 왕이 없는 '공화정'에서 단한 명의 황제에게 권력을 집중시키는 '제정'으로 방향을 틉니다.

✦ 커지는 로마의 고민

로마는 이탈리아반도 통일, 포에니 전쟁 승리, 카이사르의 원정 등으로 순조롭게 세력을 넓히며 지중해의 지배자가 되었지만 사회는 반대로 점점 더 불안정해졌습니다.

전쟁에서 승리한 로마는 넓은 영지와 많은 노예를 얻었습니다. 특히 노예는 값싸게 노동력을 제공해 주어서 저렴하게 농산물을 생산할 수 있었지요.

반면 지금까지 자신의 땅에서 경작하며 살던 자작 농민들은 장기간의 전쟁에 내몰려 농지를 제대로 일구지 못 한데다, 노예들이 생산한 값싼 농작물에 밀려 일자리를 잃고 말았습니다. 실업자가 된 농민은 생활에 필요한 양식을 얻기 위해 도시로 떠났고 '무산 시민'이라는 새로운 계층을 형성했지요. 이들의 수는 꽤 많아서 자칫 잘못했다가는 커다란 불만을 품은 반란 세력으로 성장하기 십상이었습니다.

사태의 심각성을 깨달은 로마의 정치가와 황제들은 이른바 '빵과 서커스'로 이들의 관심사를 돌리고자 했습니다. 식량을 나누어주고 투기장에서 검투를 관람하게 하는 등 오락거리를 제공해 주었지요. 로마의 권력자에게도 검투사들의 경기를 주최하는 일은 민중에게 자신의 존재를 알리고 그들의 의사를 파악하는 중요한 수단이었습니다. 로마의 콜로세움을 비롯한 제국 각지에 건설된 투기장에서는 검투사 노예들 간의 싸움과 목숨을 건 맹수와 인간의 대결이 활발하게 열리며 관객들을 열광케 했습니다.

로마를 소재로 한 곡

레스피기의 교향시 〈로마의 축제〉 중 '치르첸세스' (1928)

레스피기의 '로마 3부작'에서 한 곡 더 소개하겠습니다. 〈로마의 축제〉 중 '치르첸세스'는 황제 네로가 민중에게 선보인 경기에서 맹수에게 잔인하게 살해당하는 기독교인의 모습을 묘사한 곡입니다. 경기장을 가득 채운 사람들의 웅성대는 소리와 구경거리의 시작을 알리는 나팔의 팡파르, 맹수의 울음을 흉내 낸 소리 등 한껏 열기가 달아오른 잔혹한 축제의 모습이 음악으로 표현되어 있습니다.

황제의 통치로
세계 제국으로 성장한 로마

✦ 제정의 시작과 로마의 평화

카이사르의 죽음 이후 로마에는 다시 혼란이 찾아왔지만 카이사르의 양자 옥타비아누스가 내란을 종식시킵니다. 카이사르가 깔아놓은 '단 한 명이 로마를 통치해야 한다'는 원칙은 옥타비아누스에게 계승되어 기원전 27년 옥타비아누스는 원로원으로부터 아우구스투스(존엄자)라는 칭호를 얻고 로마의 초대 황제가 됩니다. 이로부터 약 500년 동안을 로마의 '제정' 시대라고 부르지요.

초대 황제 아우구스투스의 시대부터, 이른바 '오현제'라고 불리는 12~16대 왕이 다스리던 시대까지 약 200년 동안 로마에는 평화가 찾아옵니다. 로마의 압도적인 힘을 바탕으로 지중해에는 평화가 유지되며 로마는 황금기를 맞이하지요. 오현제 중 한 명인 13대 황제 트라야누스의 시대에는 역대 최대의 영토를 차지합니다.

✦ 예수의 등장과 기독교의 성립

옥타비아누스가 초대 황제 아우구스투스로서 제정을 시작할 무렵, 팔레스타인 지방에서는 예수 그리스도가 등장합니다.

예수가 태어날 당시 팔레스타인 사람 대부분이 신앙했던 종교는 유대교입니다. 당시 팔레스타인 지역은 가난했기 때문에 곤경에 처한 민중들이 많았습니다. 게다가 로마 제국은 유대교인에게 불리한 정치를 펼쳐서 그들의 고통을 가중시켰지요.

그 와중에 유대교의 제사장들은 사람들을 구제하는 데 힘쓰기는커녕 계율을 지킬 것만을 강요했으며, 그들 역시 몇 개의 파벌로 나뉘어 서로 갈등했습니다. 이에 사람들은 자신들을 구원해 줄 구세주의 등장만을 간절하게 기다렸지요.

이러한 상황 속에서 등장한 예수는 껍데기만 남은 유대교를 비판하며 '신은 벌이 아닌 사랑을 주신다, 신이 사랑을 주듯 주변 사람에게 사랑을 나누어 주어라'와 같은 신의 사랑과 주변 사람들 간의 사랑을 설파했습니다. 이러한 사고방식은 가난하고 차별받던 이들의 마음을 달랬고, 예수가

예수를 소재로 한 곡

헨델의 오라토리오 〈메시아〉 중 '할렐루야 합창' (1740~1741)

예수 그리스도의 수난을 표현한 음악 중 가장 잘 알려진 것이 헨델의 〈메시아〉입니다 (메시아란 구세주 예수를 뜻합니다). '할렐루야 합창'은 예수의 부활과 그가 가르침을 전하는 모습을 묘사한 〈메시아〉의 2부 끝부분에 나옵니다. 신의 영광을 칭송하는 노래로 우리에게도 매우 익숙한 곡이지요.

여러 기적을 일으켰다는 소문이 퍼지면서 어느샌가 그는 '구세주(그리스어로 그리스도)'로 여겨지기 시작했지요.

하지만 유대교의 성직자들에게는 예수의 존재 자체가 자신들을 향한 비판과도 같았습니다. 그리하여 예수를 로마의 반역자로 몰아세웠고, 예수는 총독에게 넘겨져 재판을 받았습니다. 그리고 끝내 십자가에 매달려 죽음을 맞이합니다. 하지만 3일 후 예수는 부활해 제자들 앞에 모습을 드러내고 이후 '승천'했다고 전해집니다. 예수의 죽음 이후 제자들은 그를 '구세주'라고 부르며 예수가 생전에 전해왔던 말씀을 기록하고 예배를 드리면서 전도를 시작했습니다. 이것이 기독교의 시작입니다.

기독교는 민중들에게 널리 퍼졌습니다. 하지만 로마의 황제들은 틈만 나면 기독교인을 박해하기 일쑤였지요. 로마의 황제는 로마의 신들을 믿는 신관(神官)의 장이자, 자신도 신의 일원으로 자리했기 때문입니다.

✦ 로마의 혼란과 기독교 대탄압

'오현제' 시대가 지나자 로마의 영토 확장도 주춤하며 '3세기의 위기'라 하는 대혼란이 찾아옵니다. 특히 3세기 중반부터 후반까지인 '군인 황제 시대'에는 50년간 스물여섯 번이나 황제가 바뀌면서 혼란이 극에 달했지요.

3세기 종반, 혼란을 잠재우고 로마를 다시 안정시킨 이가 디오클레티아누스 황제입니다. 그는 강력한 리더십을 발휘하기 위해 황제를 신으로 모시게 하며 전제 군주로서 절대 권력을 행사했습니다. 또한 지나치게 거대해진 로마의 영토를 동과 서로 나누고 각각 황제와 부황제를 두어 네 명의 황제가 로마를 분할 통치하는 사두정치를 실시했습니다. 로마 제국을 다시 안정적으로 지배하기 위해 모든 힘을 쏟아부었지요.

　디오클레티아누스는 로마를 안정시키는 데 크게 공헌한 반면, '황제를 신으로서 숭배하기'를 거부하는 기독교인을 엄하게 단속하면서 역사에 남을 만한 기독교 대탄압을 자행했습니다.

✦ 기독교 공인과 국교화

기독교는 탄생한 이래 끊임없이 로마 제국으로부터 박해받았지만 약 300년이 지난 4세기 초 드디어 로마 제국의 승인을 얻어냅니다.

　로마 황제 콘스탄티누스는 313년, 이른바 '밀라노 칙령'을 발표하며 기독교를 비롯한 모든 종교의 자유를 허락하지요. 콘스탄티누스는 이미 무시할 수 없을 만큼 큰 세력이 된 기독교를 공인함으로써 그 힘을 이용해 잇따른 내란을 잠재우고 제국을 하나로 만들고자 했습니다. 이후 기독교는 로마 제국의 공인 종교가 되었고 콘스탄티누스도 기독교를 적극적으로 보호한 덕분에 이 시기 기독교 세력은 비약적으로 커집니다.

　로마가 동서로 분열되기 전 제국 최후의 황제였던 테오도시우스는 두 아들에게 로마를 동서로 나누어 물려주고 이후 로마가 하나로 통일되는 일은 없었습니다.

　로마 제국 말기에 일어난 기독교 공인과 국교로의 이행은 이제까지 지하에서 활동했던 기독교인들이 당당하게 세상 밖으로 나올 수 있는 발판이 되었습니다. 이를 계기로 기독교는 유럽 전역에 퍼졌고 기독교 문화는 유럽 문화의 중심적인 위치를 차지했지요. 예배할 때 부르던 성가도 유럽에 알려지며 서양 음악의 뿌리가 되었습니다.

레퀴엠

여러 작곡가가 만든 '죽은 이를 위한 미사곡'

기독교에서는 다양한 미사를 드립니다. 그중에는 세상을 떠난 사람이 편안하게 잠들 수 있도록 신께 기원하는 '죽은 이를 위한 미사'도 있지요. 이때 사용되는 음악이 '레퀴엠'입니다.

레퀴엠은 오래전부터 여러 작곡가가 만들어 왔습니다. 죽은 이를 위한 곡이라는 점에서 특별한 마음을 담아 만들다 보니 명곡이 많습니다.

모차르트의 레퀴엠

레퀴엠 중에서도 매우 유명한 곡 중 하나가 모차르트의 레퀴엠입니다. 곡을 만들던 도중에 모차르트가 사망해 자신을 위한 레퀴엠이 되었다는 사실이 사람들에게 매우 드라마틱한 인상을 남겼지요. 생전에 모차르트가 완성시킨 부분은 전체의 1/5 정도로, 약 3/5은 남겨진 합창과 화음을 이용해 후대의 작곡가가 보충했으며, 나머지 1/5은 모차르트와 상관없이 후대의 작곡가가 창작해서 덧붙인 부분입니다. 종종 후대의 작곡가가 만든 부분은 모차르트 곡에 비해 빈약하다고들 하는데 이 부분을 포함해도 명곡 중에 명곡이라는 점은 변함이 없습니다.

베를리오즈의 레퀴엠

프랑스 작곡가 베를리오즈가 만든 레퀴엠은 많은 연주자가 필요한 대규모 곡으로 알려져 있습니다. 대규모의 오케스트라와 200명이 넘는 합창단, 그리고 홀의 가장자리 네 곳에는 금관악기 연주자가 따로 배치되어 있고 팀파니도 16대가 들어가는 등 악기를 사용하는 방식이 다른 곡과는 사뭇 다릅니다.

이 곡의 클라이맥스 부분은 '분노의 날'입니다. 최후의 심판을 고하는 나팔 소리가 등장하는 부분에는 무대 가장자리 네 곳에 배치된 금관악기의 소리가 울려 퍼지고, 16대의 팀파니가 하모니를 이루며 거대한 소리를 만듭니다. 이와 달리 매우 조용한 부분도 있어서 그 대비가 흥미로운 곡이기도 합니다.

브람스의 〈독일 레퀴엠〉

보통 레퀴엠은 가톨릭교회의 미사곡으로, 옛날 로마 제국의 언어였던 라틴어로 노래합니다. 하지만 브람스는 독일 작곡가이자 루터파인 프로테스탄트 신자였기에 오래전 루터가 번역한 독일어 성서에서 문장을 골라 이 곡을 만들었지요. 게다가 원래는 미사곡이 아닌 연주회용 작품이었습니다. 그래서 레퀴엠의 분위기는 띠고 있지만 가사의 내용은 다른 곡들과는 다릅니다. 여섯 번째 푸가*에서 매우 장엄한 소리가 높게 울려 퍼지면서 절정에 다다릅니다.

베르디의 레퀴엠

일반적으로 레퀴엠에서 가장 주요한 대목은 부속가**에 해당하는 '분노의 날' 부분입니다. 가사 중에 '온 땅의 무덤 위로 경이로운 나팔 소리가 울려 퍼지고, 모든 이가 왕좌 앞에 모여든다'라는 부분이 있어서 작곡가들은 그 부분에 웅장한 나팔 소리를 넣어야 하기 때문이지요. 그래서 모차르트의 레퀴엠에서는 이 부분에 트롬본의 독주가 나오며, 베를리오즈의 곡에서는 네 군데에 배치된 금관악기가 사용됩니다.

---

* 둔주곡, 서로 다른 여러 가락이 함께 진행되는 형식의 곡. - 옮긴이

** 미사에서 복음서 낭독 전에 불리는 노래. - 옮긴이

이탈리아 작곡가 베르디의 레퀴엠도 '분노의 날'이 곡의 클라이맥스에 해당합니다. '나팔 소리가 울려 퍼지고'의 부분에서는 일부러 무대에서 멀리 떨어진 곳에 배치한 나팔이 팡파르 형식의 선율을 연주하는데, 그 직전에 타악기와 함께 오케스트라의 강력한 리듬이 나오는 도입부가 가장 유명합니다. TV 프로그램에서 배경 음악으로 자주 쓰여서 들어본 적 있는 분이 많을 것입니다.

포레의 레퀴엠

모차르트와 베르디, 그리고 포레의 레퀴엠이 '3대 레퀴엠'으로 알려져 있습니다. 프랑스 작곡가 포레가 만든 레퀴엠에는 '분노의 날' 부분이 없고, 죽은 이의 평안을 조용하게 기도하고 신의 영광을 고요히 찬양하는 분위기로 일관되어 있습니다.

마지막에 '인 파라디숨(낙원에서)'이라는 부분이 더해지며 천사에게 인도되어 낙원으로 가기를 기원하는 기도로 끝이 납니다. 매우 평온한 곡이어서 '힐링계' 레퀴엠이라고 할 수 있습니다.

브리튼의 〈전쟁 레퀴엠〉

20세기 영국 작곡가 브리튼이 제2차 세계대전으로 부서진 성당의 재건을 축하하는 식전 의식을 위해 만든 곡입니다. 라틴어로 쓰인 기존의 레퀴엠 형식을 따르는 부분과 제1차 세계대전에서 전사한 영국 시인의 시로 구성되어 있는데, 두 부분이 교대로 연주되면서 강력한 반전 메시지가 담긴 것이 특징입니다.

제 2 장

중세 음악
(5~14세기)

다양한 국가가 세워지고 기독교 문화가 정착한 시대

✧ 역사 훑어보기

로마 제국이 분열되고 르네상스가 시작되기 전인 약 1100년 동안, 즉 400~1500년 정도의 긴 시대를 중세라고 부릅니다. 이 책에서는 중세를 전기, 중기, 후기로 나누어 각 시대의 역사와 음악을 소개합니다(대략 전기를 프랑크 왕국의 시대, 중기를 여러 왕국의 시대와 십자군 시대, 후기를 영국과 프랑스의 백년 전쟁의 시대로 나누었습니다).

이 시기에는 여러 국가가 뒤섞여 있어서 입장에 따라서는 중세를 혼란스러운 시대로 보기도 합니다. 하지만 그 혼란 속에서 현재 유럽 세계의 바탕이 된 많은 국가가 형성되었습니다. 이 나라들은 주로 기독교를 믿었기에 유럽 각 지역의 문화와 기독교 문화가 융합되면서 유럽 문화의 기반을 형성했습니다.

✧ 음악 훑어보기

중세 유럽에서는 기독교가 높은 권위를 지니며 문화 전반에 강력한 영향을 끼쳤습니다. 음악도 예외가 아니어서 각 지역의 교회에서 불렀던 성가가 지역 음악 문화의 기초가 되었지요. 특히 9세기경에 정리된 그레고리오

중세 음악의 무대
(11세기 중세 유럽)

프랑크 왕국의
최대 지배 영역
(9세기)

잉글랜드 왕국
(영국)

런던

쾰른

파리

키이우 공국

키이우

신성 로마 제국

프랑스 왕국

제노바

동로마 제국
(비잔틴 제국)

로마

콘스탄티노플

이슬람 세력
(셀주크 왕족 등)

예루살렘

이슬람 세력의 범위

십자군의 진로

성가는 르네상스와 바로크 음악, 그리고 현대까지 이어지는 음악의 원류로
서 음악사에서 매우 중요한 곡입니다.

한편으로는 중세 민중의 생기 넘치는 삶의 모습이 담긴 음악도 있습니
다. 서민들의 노래나 각지를 떠돌아다니는 음유 시인의 노래 등 사람들의
생활 속에 함께하던 음악도 분명히 존재했지요. 이러한 세속적 음악은 대
부분 남아 있지 않지만 중세 문학이나 중세를 소재로 한 클래식 음악에서
그 흔적을 찾을 수 있습니다.

또한 중세에는 악보를 적는 방법이 조금씩 발전합니다. 이 기보법은 후
대 음악에 매우 큰 영향을 끼쳤습니다.

서유럽 세계의 핵심
프랑크 왕국과 기독교 문화

✦ 게르만족의 대이동에서 시작된 유럽의 중세

중세의 시작을 알리는 커다란 변화는 375년에 시작된 '게르만족의 대이동'입니다. 4세기 후반 아시아계 유목민인 훈족이 흑해의 북쪽에서 서쪽으로 이동하면서 게르만족을 압박하자 이 '대이동'이라고 불리는 사건이 시작되었습니다.

게르만족은 발트해 주변을 본거지로 삼았던 민족으로 로마 제국 시기에는 스칸디나비아반도에서 남러시아에 걸친 넓은 지역에 거주하고 있었습니다. 그중 일부는 소작인이나 용병이 되거나 국경 부근에 침입해 약탈을 일삼기도 하면서 로마 제국 안으로 이주해서 살기도 했지요. 하지만 훈족의 압박을 받자 다수의 게르만족이 일시에 로마 제국의 방위선이었던 라인강과 도나우강을 건너 로마 내부로 이동해 온 것입니다.

게르만족은 기존에 북서 유럽에 살고 있던 켈트족과 로마 제국에 거주했던 라틴족을 압박하고 새로운 터전을 찾아 이동하며 곳곳에 나라를 세웠습니다. 이러한 혼란 속에서 로마 제국은 분열되었고 이어서 서로마 제국도 멸망합니다.

✦ 게르만족 국가의 주역이 된 프랑크 왕국의 탄생

게르만족이 만든 나라 중에서 가장 힘이 세고, 지금의 프랑스와 독일의 기원이 된 곳이 **프랑크 왕국**입니다.

프랑크 왕국은 5세기 말 **클로비스**라는 인물이 세운 나라입니다. 그는 건국 후 곧바로 기독교 중에서도 정통 로마 가톨릭으로 개종합니다. 그리고 가톨릭을 보호하기 위한 여러 방침을 내세웠지요.

프랑크 왕국이 세워진 곳은 원래 로마 제국의 영역이었습니다. 따라서 그곳 사람들 대부분은 로마 제국 말기에 '국교'로 승인된 기독교, 그중에서도 가톨릭을 믿었지요. 따라서 옛 로마 제국 사람들의 눈에는 게르만족을 이끌고 온 외지의 왕이 이단을 신앙하는 이방인으로 보였을 것입니다. 하지만 클로비스가 가톨릭으로 개종하자 게르만족의 왕이 자신들의 문화에 동화되었다고 느끼면서 왕에 대한 호감도가 올라갔고, 그의 통치에 협력적인 자세를 취하기 시작했습니다. 이와 같은 종교 정책도 프랑크 왕국이 강대해질 수 있었던 요인 중 하나였습니다.

✦ 프랑크 왕국의 발전

프랑크 왕국은 **카롤루스 대제** 때 전성기를 맞이합니다. 카롤루스는 주변 지역의 여러 세력을 차례차례 물리치고 프랑크 왕국의 영역을 확장시켜 현재의 프랑스, 독일, 북이탈리아 지역에 걸친 서유럽의 주요 영토를 자신의 지배하에 두었습니다.

그러자 로마 교회를 거느린 **교황**이 그에게 접근합니다. 당시 유럽의 동쪽 지역에는 로마 제국의 정통을 이은 동로마 제국과 여기에 결속된 콘스탄티노플 교회가 있었습니다. 당시 로마 교회(가톨릭교회)는 콘스탄티노플 교회보다 힘이 약한 상황이었지요. 그래서 프랑크 왕국과 연합을 도모해 강력한 보호자를 얻고자 했습니다.

서기 800년 로마 교황은 카롤루스 대제에게 로마 황제의 관을 수여합니다(카롤루스의 대관). 이는 로마 교회가 카롤루스가 이끄는 프랑크 왕국을 옛 로마 제국으로 인정하고, 이 새로운 로마 제국의 보호를 바탕으로 동로마 제국과 콘스탄티노플 교회에 대항하는 세력으로 성장하려는 의도였지요.

이렇게 프랑크 왕국과 로마 교회가 연합하면서 기독교 문화가 유럽에 뿌리를 내리고, 기독교 문화와 게르만 문화가 융합된 서유럽 문화의 바탕이 형성됩니다. 카롤루스 대제는 예술과 학문에도 이해가 깊어서 프랑크 왕국은 당시 일종의 문화 전성기를 맞이했습니다.

하지만 강대했던 프랑크 왕국도 카롤루스 대제가 세상을 떠나자 얼마 후 세 나라로 분열됩니다. 프랑크 왕국에는 원래부터 자식에게 영지를 나누어 주는 분할 상속 전통이 있었던데다, 카롤루스의 자손들에게는 거대한 제국을 다스릴 능력이 부족했기 때문에 합의하에 제국을 3국으로 분할합니다.

그 결과 서프랑크 왕국과 동프랑크 왕국, 그리고 중프랑크 왕국이 세워집니다. 이 세 나라가 이후 프랑스, 독일, 이탈리아의 기원이 되지요.

힐링 음악의 원형
그레고리오 성가의 탄생

✦ 대교황 그레고리우스 1세의 등장

프랑크 왕국의 행보는 게르만족 사회에 기독교가 뿌리내리는 데 커다란 역할을 했습니다. 이와 더불어 6세기의 로마 교황 그레고리우스 1세의 포교 활동도 게르만 사회에 기독교가 자리 잡는 데 큰 힘이 되었지요.

그레고리우스 1세는 원래 로마의 귀족 가문에서 태어났는데 수도원에 들어간 뒤, 590년에 로마의 교황이 되었습니다. 그는 기독교를 알리고 가톨릭을 정착시키는 데 최선을 다했습니다. 영국을 상대로 한 포교 활동에서는 큰 성과를 올리기도 했지요. 그가 올린 성과의 대단함을 인정하는 의미에서 가톨릭교회에서는 그에게 '대교황'이라는 칭호를 붙였습니다.

✦ 대교황의 이름을 딴 그레고리오 성가

그레고리우스 1세의 이름을 딴 성가가 그레고리오 성가입니다. 로마 제국은 말기에 기독교를 공인하고 이어서 국교로 지정했는데, 이때 로마 제국 각지에 기독교의 성가도 퍼져나갔습니다. 기독교에서는 유대교의 전통을 이어받아 초기 때부터 노래를 의식에 사용했기 때문이지요.

이처럼 로마 제국이 확산시킨 성가에, 유럽 각지의 전통 노래가 융합되면서 성가는 조금씩 모습을 바꾸어가며 발전했습니다.

그것이 9세기경 '그레고리오 성가'라는 하나의 형태로 자리 잡기 시작했지요. 그레고리오 성가가 확립된 시기는 그레고리우스 1세 시대보다 한참 뒤여서 그와 직접적인 관계는 깊지 않다고 보지만, 상징적인 인물의 이름을 성가집에 붙인 것으로 보아 그의 권위가 상당했음을 알 수 있습니다. 카롤루스 대제도 그레고리오 성가를 정비하고 보급하는 데 큰 역할을 했지요.

그레고리오 성가는 초기에는 주로 입에서 입으로 전해졌지만, 후에는 악보로 기록되었고 가톨릭교회의 공식적인 성가로 인정받습니다. 교회 의식에 없어서는 안 될 곡이 되었지요. 보통 남성 합창단이 부르는 경우가 많고 신비로우면서도 마음에 평온을 주는 곡이어서 지금도 많은 사람에게 사랑받고 있습니다.

이 시대에 작곡된 음악

그레고리오 성가

중세 시대의 성가를 대표하는 '그레고리오 성가'는 성서의 말씀을 '하나의 선율로 노래하는(단선율)' 형태입니다. 로마 제국 시대부터 불리던 성가와 각지에서 독자적으로 발전한 성가가 융합되어, 중세를 대표하는 국가였던 프랑크 왕국이 최전성기를 맞이했던 9세기경 하나의 형식을 갖추었습니다. 모든 곡이 아름답고 신비로우며 눈을 감고 들으면 중세 교회에 와 있는 듯한 기분이 듭니다.

중세 도시에서 시작된 여러 국가와 문화의 발전

✦ 신성 로마 제국이 된 독일

이제부터는 중세 중기로 넘어갑니다. 유럽 각지에 세워진 나라의 상황과 십자군의 행보를 중심으로 살펴보겠습니다. 우선 프랑크 왕국이 3국으로 분열된 후 각 나라는 어떻게 변했을까요.

'동프랑크 왕국'이라고 불렸던 현재의 독일에 해당하는 지역은 10세기에 프랑크 왕국의 핏줄이 끊기면서 분열될 위기에 놓입니다. 게다가 계속된 마자르족(헝가리인)의 침입에 국력이 많이 약해진 상황이었지요.

이때 등장한 인물이 오토 1세입니다. 그는 마자르족을 격퇴하면서 명성을 얻은 뒤 북이탈리아까지 출병시켜 당시 전쟁으로 궁지에 몰렸던 로마 교황을 위기에서 구합니다. 이를 계기로 962년에 로마 교황으로부터 로마 황제의 관을 받고 카롤루스 대제처럼 명목상 서로마 제국의 황제가 되었습니다. 이때부터 독일은 '신성 로마 제국'이라고 불렸지요.

이후 신성 로마 제국의 왕은 사실상 독일의 왕임에도 불구하고 '로마 황제'로서 끊임없이 이탈리아에 관심을 보였습니다. 로마를 지배하기 위해 북이탈리아의 내정에 간섭하고 군사를 계속 출정시켰지요.

하지만 이는 이탈리아 여러 도시의 저항을 불러일으켜서 정복은 쉽지 않았습니다. 게다가 이탈리아에 간섭하느라 역대 황제들의 독일 국내 통치는 허술했고, 제후와 기사들의 독립성은 높아지면서 독일은 여러 제후의 영토가 어지러이 뒤섞인 통일감 없는 모습을 띠었습니다.

이후로도 신성 로마 제국은 형태를 바꾸어가며 (제후들의 복합체라는 상황은 여전했지만) 1806년 나폴레옹이 해체시키기 전까지 존속합니다. 이 책에서도 '신성 로마 제국'이라는 명칭이 자주 사용되므로 '독일 여러 제후의 연합체'라는 이미지를 기억해 두세요.

✦ 계속해서 분열 상태였던 이탈리아

프랑크 왕국이 분열된 후 이탈리아는 얼마 안 가 프랑크 왕가의 대가 끊어지면서 여러 제후와 도시가 모자이크 형태로 모여 있는 지역이 되었습니다(로마 교황도 그중 하나로 로마 교황령을 소유하고 있었지요). 이러한 상황 속에서 북으로는 신성 로마 제국과 비잔틴 제국(동로마 제국)이 지배하려 개입해 오고, 남으로는 이슬람 세력과 노르만족(바이킹)의 국가가 세워지면서 불안정한 상황이 지속되었습니다.

✦ 왕권이 점차 확대된 프랑스

프랑크 왕국이 분열된 후 '서프랑크 왕국'이 되었던 프랑스는 독일과 마찬가지로 10세기가 되자 프랑크 왕국의 혈통이 끊겼습니다. 이를 대신해서 왕이 된 자가 파리 주변의 영주였던 **위그 카페**라는 인물이지요. 이후 19세기에 이르기까지 프랑스 왕가는 혈통을 거슬러 올라가면 모두 위그 카페라는 인물에 다다를 만큼 그의 영향력은 오랫동안 이어집니다.

위그 카페를 초대 왕으로 해 약 300년간 이어진 프랑스 왕조를 **카페 왕조**라고 부릅니다. 초기 카페가의 영지는 파리 주변에 한정되어 있었습니다. 가신에 해당하는 제후의 영지가 더 넓은 경우도 많을 정도로 카페 왕권의 힘은 그다지 강력하지 않았지요.

하지만 시간이 흐르면서 왕권은 강화되었고 이윽고 대국 프랑스의 기초가 형성되었습니다. 유명한 왕으로는 제3차 십자군 전쟁에 참여해 대륙 안에 있던 영국의 영토를 빼앗고 프랑스 세력을 확대시킨 '존엄왕' **필리프 2세**, 제6차와 제7차 십자군 전쟁을 주도하고 국내 정치에도 충실히 임했던 '성왕' **루이 9세**, 왕권을 강화해 로마 교황도 굴복시킬 만큼 높은 권위를 자랑했던 '미남왕' **필리프 4세** 등이 있습니다.

✦ 프랑스의 가신이 왕이 된 영국

영국 땅에는 원래 켈트 계로 불리는 민족이 거주했는데, 로마 시대가 되자 카이사르가 영국에 침입했습니다. 그래서 제정 초기 영국은 로마의 지배하에 있었습니다.

중세로 접어들면서 영국에는 게르만족의 일파인 앵글로색슨족이 침입해 국가를 건설합니다(영국 사람을 '앵글로색슨족'이라고 부르기도 하는 이유가 여기에 있지요). 이때부터 영국은 노르만족(바이킹)의 국가가 세워졌다가 다시 앵글로색슨족의 나라가 부활하는 등 어지럽게 왕조가 뒤바뀝니다.

그러다가 현재의 영국 왕가로 이어지는 중요한 왕조가 들어섭니다. 바로 **노르만 왕조**입니다. 프랑스 왕의 가신이었던 노르망디 공국의 **윌리엄 1세**라는 인물이 1066년에 영국을 정복하고 왕조를 세운 것입니다. 윌리엄 1세는 프랑스의 위그 카페와 마찬가지로 영국 역대 국왕의 계보를 따라가면 다다르는 인물로 영국사에서 매우 중요한 위치를 차지합니다.

노르만 왕조는 100년도 되지 않아 무너지고 이후 영국 왕위를 이어받은 자는 영국 왕의 친척이기도 한 프랑스의 가신, 앙주 백작입니다. 그로부터 시작하는 왕조를 <u>플랜태저넷 왕가</u>라고 부릅니다. 따라서 중세 영국의 왕은 노르만 왕가에서부터 플랜태저넷 왕가에 이르기까지 프랑스 왕의 가신이 영국 왕을 겸했던 상황이지요.

플랜태저넷 왕가의 왕으로는 제3차 십자군 전쟁에 참여해 '사자왕'이라는 별명을 얻었던 <u>리처드 1세</u>, 실정을 거듭하며 귀족들이 내민 '<u>마그나카르타(대헌장)</u>'에 서명하고 왕권에 제한을 받은 <u>존 왕</u>, 약해진 왕권을 회복하고 의회와의 협력 관계를 구축한 <u>에드워드 1세</u> 등이 있습니다.

✦ 동유럽의 비잔틴 제국과 키이우 공국

한편, 동유럽으로 눈을 돌리면 현재의 그리스 주변에는 동서로 분열된 로마 제국 중 하나인 <u>동로마 제국</u>이 있습니다. 동로마 제국은 로마 제국의 정통을 계승한 국가이나, 점차 그리스 문화에 강한 영향을 받으며 언어는 그리스어, 종교는 기독교의 동방정교회로 서유럽 세계와는 다른 문화를 갖게 되었지요. 이 동로마 제국은 수도 콘스탄티노플의 옛 이름인 '비잔티움'에서 명칭을 따와 '비잔틴 제국'이라 불렸습니다.

또한 동쪽에서는 러시아의 전신인 <u>키이우 공국</u>이 탄생합니다. 바이킹족의 국가가 키이우를 거점으로 슬라브족과 융합하면서 러시아의 전신이 만들어진 것이지요. 이 키이우 공국의 가계가 이후 러시아 왕조의 조상이

키이우 공국을 소재로 한 곡

보로딘의 오페라 〈이고르 공〉 중 '폴로베츠인의 춤' (1869~1887)

'이고르 공'은 중세 러시아에서 전해 내려오던 이야기로, 키이우 공국의 장수 이고르 공이 중앙아시아 쪽 유목민을 상대로 원정을 떠나는 내용입니다. 여기에 러시아 작곡가 보로딘이 음악을 붙인 것이 오페라 〈이고르 공〉이지요. 그중 포로가 된 이고르 공에게 폴로베츠인의 왕이 노예들의 춤을 선보이는 장면인 2막 '폴로베츠인의 춤'이 특히 유명합니다. 클래식 곡 중에서도 인기가 많아 오케스트라 연주로도 자주 접할 수 있습니다.

됩니다. 하지만 키이우 공국은 몽골 제국의 세력 확장에 따라 멸망하고 러시아는 100년 가까이 몽골족의 지배를 받습니다.

✦ 실패로 끝난 십자군 전쟁

프랑스와 영국의 왕을 소개할 때 잠깐 언급했지만 중세 중기는 **십자군**이 여러 차례에 걸쳐 전쟁을 벌인 시기이기도 합니다.

유럽의 여러 나라가 이슬람 세력에 대항하기 위해 원정군을 보낸 사건을 십자군 전쟁이라고 합니다. 이슬람 세력이 확장하면서 성지였던 예루살렘을 독점하자(예루살렘은 기독교와 이슬람교 모두에게 중요한 성지지요) 아시아와도 가까웠던 비잔틴 제국(동로마 제국)의 황제가 위협을 느끼고 서유럽 세계에 지원을 요청합니다. 여기에 응한 로마 교황의 호소로 서유럽 나라들이 중동으로 군대를 파견하고 이슬람 세력과 전쟁을 벌였습니다.

1096년 제1차 십자군부터 1270년 제7차 십자군까지 대규모의 십자군이 총 일곱 차례나 파견되었지만 목적을 달성했던 전쟁은 고작 1차뿐이었고 전쟁은 거의 실패로 끝납니다.

하지만 십자군 전쟁으로 중세 사회에는 여러 변화가 찾아왔습니다. 하나는 대규모의 물건과 사람이 동서 방향으로 이동하면서 통과 지역에 해당되었던 도시가 발전했습니다. 다른 하나는 십자군 파견을 적극적으로 요청했던 교황의 권위가 전쟁의 실패로 바닥으로 떨어지고 그 대신 국왕의 힘이 커졌습니다. 왕들은 십자군 전쟁을 위해 원정을 준비하고 긴 여정을 가신, 병사들과 함께 이동한데다 현지에서 전쟁을 통솔하는 과정에서 리더십을 키울 수 있었지요.

✦ 음유시인의 활약과 중세 도시의 발전

중세 중기에서 후기 동안에는 십자군 전쟁의 영향과 화폐 사용의 보급으로 많은 도시가 발전합니다. 이 시대에 발전한 도시의 상당수는 현재 세계유산에 등록되어 사람들의 발길이 끊이지 않는 관광지가 되었지요. 이러한 도시 안에는 대중에게 음악을 전해주는 민간인 가객들이 있었습니다. 그중 대표적인 예가 음유시인이라고 불리는 이들이지요.

음유시인은 각지를 떠돌며 구전 이야기나 기사들의 연애에 관한 소문, 보고 들은 사건 사고 등을 노래에 얹어 전달했던 이들로, 십자군의 활약상도 음유시인의 노래에 실려 유럽 전역으로 퍼졌다고 합니다. 그중에는 궁정을 돌아다니며 귀족이나 왕에게 노래를 들려주는 실력자들도 있었습니다.

중세 후반에는 도시가 발달하자 떠돌아다니지 않고 한곳에 머물며 노래 부르는 일을 직업으로 삼는 이들도 등장했습니다. 독일에서는 음악가들의 조합이 결성되고 실력이 뛰어난 가수들은 '마이스터징거(명가수)'라는 칭호를 얻었지요.

✦ 조금씩 변하기 시작한 그레고리오 성가

그레고리오 성가에는 점차 변화가 찾아왔습니다. 예를 들면, 같은 선율을 음정만 바꾸어 나란히 부르는 하모니를 만들거나, 주선율을 변형해서 만든 다른 선율을 첨가하는 식(이러한 곡을 '오르가눔'이라고 합니다)으로 말이지요. 새로운 멜로디를 추가하며 성가에 변화를 주자 소리는 더욱 풍성해졌습니다. 이와 같은 오르가눔을 발전시킨 이들 중에는 파리의 노트르담 대성당을 중심으로 활동한 노트르담 악파가 있지요.

중세 사람들을 소재로 한 곡

오르프 〈카르미나 부라나〉 (1937)

『카르미나 부라나』는 19세기 독일 남부에서 발견된 중세 시집입니다. 연애와 술 혹은 운명의 무상함 등을 노래하는 시가 담겨 있어, 중세 서민들의 활기찬 삶의 모습을 파악할 수 있는 중요한 사료지요. 독일 작곡가 오르프는 이 『카르미나 부라나』에서 시를 골라 가곡집을 만들었습니다. 첫머리에 나오는 '오, 운명의 여신이여'는 운명의 덧없음을 노래한 박력 있는 곡으로 TV에서 배경음악으로도 자주 쓰이는 유명한 노래입니다.

영국과 프랑스의 전쟁과 합스부르크가의 대두

✦ 영국과 프랑스의 백년 전쟁

중세 중기의 대표적인 사건이 십자군 전쟁이었다면, 중세 후기를 대표하는 사건은 영국과 프랑스 사이에서 일어난 백년 전쟁입니다.

중세 중기 부분에서도 언급했지만 중세 영국의 왕은 명목상 프랑스의 가신이기도 했습니다. 그래서 영국과 프랑스 왕가는 여러 차례 정략결혼을 하며 깊은 유대 관계를 맺고 있었습니다(물론 전쟁도 수없이 일어났지요).

이러한 상황 속에서 프랑스 카페 왕가의 혈통이 단절되는 사건이 일어납니다. 대신 카페 왕가의 친척에 해당하는 발루아 왕가에서 왕위를 물려받게 되었지요. 이에 프랑스 왕가의 친척이었던 영국 왕이 반발하며 자신이 프랑스 왕위를 계승하겠다고 주장합니다. 왕위를 둘러싼 갈등뿐 아니라 양국은 모직물 생산이 활발한 플랑드르 지방과 와인 생산지 기옌 지방의 지배권을 두고도 대립했습니다.

그리하여 장기간에 걸친 두 나라의 싸움, **백년 전쟁**이 시작되었습니다. 전쟁 전반에는 영국이 압도적으로 우세했습니다. 프랑스군은 장궁(弓隊)을 다루는 영국군의 전술에 패배를 거듭했고 프랑스 내부에서도 영국에 동조하는 세력이 늘어나며 붕괴 위기를 맞았지요.

이때 등장하는 인물이 신의 계시를 받았다는 소녀, <u>잔 다르크</u>입니다. 잔 다르크는 프랑스 왕에게 받은 적은 수의 병사를 이끌고 프랑스를 궁지에서 구해냅니다. 잔 다르크의 활약이 전환점이 되어 프랑스는 대륙 대부분에서 영국 세력을 몰아내는 데 성공하고 백년 전쟁을 승리로 끝냅니다.

이 전쟁으로 프랑스 왕가는 영국의 영향을 강하게 받고 있던 국내 세력을 몰아낼 수 있었고, 왕권이 한층 더 강화되었습니다. 영국에서는 백년 전쟁 후 장미 전쟁이라는 대규모 내란이 발생합니다. 이 내란은 피로 피를 씻어내는 끔찍한 결과를 낳았지만, 혼란을 수습한 왕은 이후 권력이 강해졌지요.

✦ 유럽 제1의 명가 합스부르크가의 등장

한편, 현재의 독일에 해당하는 신성 로마 제국에서는 15세기 중반부터 합

합스부르크가와 스위스를 소재로 한 곡

로시니의 오페라 〈윌리엄 텔〉 중 서곡 (1829)

신성 로마 제국의 황제로서 유럽 세계에 지배력을 떨친 합스부르크가의 영지였던 스위스에서는 합스부르크가의 지배에서 벗어나려는 운동이 일어났습니다. 이 독립운동에서 등장한 전설적인 영웅이 윌리엄 텔이지요. 이탈리아 작곡가 로시니는 윌리엄 텔의 이야기를 소재로 오페라 〈윌리엄 텔〉을 작곡했습니다. 그중에서도 서곡 제4부 '스위스군의 행진'에는 독립운동에 나선 스위스 군대의 용맹함이 잘 표현되어 있습니다.

스부르크가가 황제의 자리를 세습합니다.

합스부르크가는 스위스 지방의 영주에서 시작해 오스트리아까지 진출한, 광대한 영지를 가진 귀족 가문입니다. 이 시대부터 합스부르크가는 오스트리아 빈을 중심으로 유럽에서 제일가는 명문 집안으로 번영하며 많은 음악가를 탄생시킨 '음악의 도시' 빈의 기반을 형성합니다.

이 시대에 신성 로마 제국은 여전히 제후들의 연합체라는 양상을 띠면서도 현재의 스위스와 체코, 폴란드의 일부, 북이탈리아의 밀라노와 제노바 등을 포함한 광대한 영역을 차지했습니다.

✦ 페스트의 유행과 가톨릭교회의 하락

이 시대는 역병이었던 페스트가 유행하고 전란이 끊이지 않아 민중들에게는 '14세기의 위기'라고 불리는 고통스러운 시기였습니다. 불안한 사회 속에서 가톨릭교회의 무력함에 의문을 품는 이도 있었지만 반대로 구원을 믿으며 교회에 의지하는 이들도 있었지요.

그런가 하면 교회 내부에서는 사람들의 신앙심을 이용해 '면죄부(죄를 용서받고 영혼이 구제된다는 증서)'를 판매해서 자금을 모으는 등 교회의 지위를 사고파는 일이 횡행했습니다.

이러한 가톨릭교회의 횡포를 악습이라 비판하는 사람도 나타났습니다. 이는 이후에 일어나는 종교 개혁의 씨앗이 되었지요. 영국의 **위클리프**나 체코의 **후스**가 대표적인 인물입니다. 특히 후스의 활동은 신성 로마 제국에 지배당하던 체코인의 독립 의지를 자극하며 대규모 독립운동을 촉진시켰습니다.

'14세기의 위기'를 소재로 한 곡

리하르트 슈트라우스의 교향시
〈틸 오일렌슈피겔의 유쾌한 장난〉 (1894~1895)

틸 오일렌슈피겔이란 중세 이야기책에 나오는 주인공으로 장난치기를 좋아하는 전설 속 인물입니다. 독일 작곡가 리하르트 슈트라우스는 그가 장난을 치며 종횡무진하는 모습을 음악으로 표현했지요. 곡 안에서 틸 오일렌슈피겔은 교수형으로 생을 마감하지만, 원래 이야기 속에서는 페스트에 걸려 죽습니다. 페스트라는 '14세기의 위기'가 배경으로 등장하는 것이지요.

후스파의 활동을 소재로 한 곡

스메타나의 연작 교향시 〈나의 조국〉 중
'타보르', '블라니크' (1879)

체코의 작곡가 스메타나의 연작 교향시 〈나의 조국〉 중 '타보르'와 '블라니크'는 가톨릭교회를 비판하고 신성 로마 제국에서 독립하려 한 후스파의 활동을 표현한 곡입니다. 조국 체코를 위해 다 같이 들고 일어선 후스파 민중의 모습이 음악으로 생생하게 묘사되어 있지요. 〈나의 조국〉의 두 번째 곡이 익히 잘 알려진 '몰다우'입니다. 여섯 곡으로 이루어진 연작 교향시 전체에서 조국을 향한 스메타나의 뜨거운 마음이 그대로 느껴집니다.

✦ 현대의 형태에 가까워진 악보

중세와 르네상스를 잇는 13~14세기경, 이후 음악에 커다란 영향을 미치는 변화가 찾아옵니다. 바로 '정량 기보법'이라는 현대 악보의 기원이 된 기보법(음악을 기록하는 방법)이 확립된 것이지요.

기독교가 성립되었을 때부터 전해 내려오던 성가는 모두 성가대가 입에서 입으로 전달했습니다. 그런데 점차 이 성가를 '기록'하려는 시도가 일어납니다. 9세기경 초창기의 기보법은 '네우마'라고 해, 가사 옆에 악센트나 선율의 움직임을 기호로 적는 방식이었습니다. 단순히 선율의 움직임을 '올림', '내림'으로 기록했기에 어느 정도 올리고 어느 정도 내려야 할지는 알 수 없었지요.

12세기경 네우마에 큰 변화가 일어납니다. 네우마에 선을 긋고 음정의 기준을 나타내게 된 것입니다. 이를 '보선 네우마'라고 합니다. 12세기 프랑스에서 쓰인 보선 네우마에는 '파'와 '도'를 나타내는 선이 두 개 그어져 있어, 이 선 위에 있는 기호는 파와 도임을 알 수 있었습니다. 또 그사이에 있는 음은 적어도 파와 도 사이의 음임을 짐작할 수 있었지요. 선의 개수도 세 개에서 네 개로 점차 늘어났습니다.

악보를 기록하기 위해서는 음의 높이와는 별개로 또 하나의 중요한 과제가 있습니다. 바로 시간 축을 어떻게 기록할까라는 부분이지요. 이를 해결한 것이 '음의 길이를 음표의 형태'로 나타내는 방식이었습니다.

13세기 말에서 14세기에 걸쳐 음표로 음의 길이를 나타내는 방식이 발전하면서 음표의 위치로 음의 높이를, 음표의 모양으로 음의 길이를 나타내는 정량 기보법이 성립됩니다. 제각각이었던 악보의 선도 점차 '오선'으로 자리를 잡습니다.

이러한 변화로 음악은 기록 가능한 것이 되었고, 만든 곡을 악보로 기록하는 작곡가와 악보를 보며 연주하는 연주가가 등장했습니다.

제 3 장

르네상스 음악
(14~16세기)

큰 영향을 끼친 인본주의의 부활과 절대 왕정 시대의 도래

✦ 역사 훑어보기

기나긴 중세 시대가 끝나갈 무렵 유럽에서는 문화, 경제, 종교 등 다양한 방면에서 변화가 나타났습니다. 바로 르네상스와 신항로 개척, 그리고 종교 개혁 등이 일어났지요. 이러한 변화와 함께 항해술, 인쇄술과 같은 기술이 발달하면서 유럽은 서서히 근대로 방향을 틀기 시작했습니다(이러한 변화의 시기부터 프랑스 혁명과 같은 시민 혁명 직전까지의 시대를 '근세'라고 부릅니다).

또한 이 시기는 왕들이 절대적인 권력을 갖고 나라를 다스리는 '절대 왕정'이 시작된 때이기도 합니다. 강력한 리더십을 가진 왕을 주축으로 거국적인 대규모 전쟁을 벌이는 시대로 돌입한 것입니다.

✦ 음악 훑어보기

이러한 변화 중에서 음악에 가장 큰 영향을 준 것은 역시 르네상스입니다. 르네상스는 중세 문화를 계승하되 이전보다 인간성과 개성을 존중하고자 했던 문화운동입니다. 강력한 기독교의 영향 아래 획일적인 색깔이 뚜렷했던 중세 문화와 달리, 르네상스는 (물론 여전히 기독교의 힘은 막강했으나) 인간의 감정과 이성을 강조하며 회화나 문학 등에서 개개인의 개성이 드러

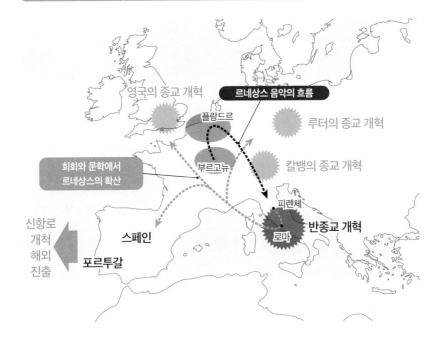

르네상스 음악의 무대
(르네상스·신항로 개척·종교개혁)

나기 시작했지요.

　르네상스 음악은 '회화나 문학이 르네상스를 맞이했던 시대의 음악'이라는 정도의 의미로, 르네상스가 음악에 직접 영향을 끼치지는 않았습니다. 그럼에도 이 시기에 작곡된 음악은 대체로 소리가 풍부하고 듣기에 편안하면서 온화한 분위기를 띱니다.

　회화나 문학에서 르네상스의 중심지는 이탈리아에서 점차 알프스 북쪽 지역으로 이동한 반면, 르네상스 음악의 중심은 부르고뉴(프랑스 동부)에서 플랑드르(현재 벨기에 주변), 그리고 이탈리아로 옮겨갔습니다.

인간의 생각과 감정을 중시한 새로운 문화가 태어난 시대

✦ 이탈리아에서 시작된 르네상스

중세 사람들의 가치관 한가운데에는 신을 중심으로 한 기독교적 세계관이 있었습니다. 이 가치관의 바탕에는 인간은 태어날 때부터 중죄를 지었으며 무력한 존재라는 인식이 깔려 있지요.

하지만 13세기 말부터 고대 그리스와 로마의 문화를 이상적으로 여기고, 인간을 긍정적으로 바라보고자 하는 새로운 문화운동이 일어납니다. 바로 르네상스입니다. 르네상스에서는 이전의 문학에는 없었던 연애사와 같은 사람의 감정 변화를 표현하는 문학이 등장했고, 선명한 색채에 정확한 원근법이 반영된 회화가 나타났습니다.

예술과 문학의 르네상스는 피렌체 등의 이탈리아 도시에서 시작되었습니다. 문학에서는 『신곡』을 쓴 단테와 『데카메론』을 쓴 보카치오가, 회화와 건축 분야에서는 조토 등이 잘 알려져 있지요.

13세기 말에서 14세기 초에 활약한 초기 르네상스 시인, 단테가 쓴 『신곡』은 장편 서사시로서 '이탈리아 문학사상 최고의 고전'으로 꼽힙니다. 지옥에서 연옥(죄를 씻기 위해 일정 기간 고통받는 세계)을 거쳐 천국에 이른다는 극적인 구성은 많은 예술가에게 영감을 주었습니다. 그래서 『신곡』을

단테의 『신곡』을 소재로 한 곡

차이콥스키의 환상곡 〈프란체스카 다 리미니〉 (1876)

단테의 『신곡』에는 남편의 동생과 사랑에 빠져 지옥으로 떨어진 여성, 프란체스카가 나옵니다. 실화를 바탕으로 한 프란체스카의 에피소드는 많은 예술가에게 창작 의욕을 불러일으켰는데, 차이콥스키의 〈프란체스카 다 리미니〉도 그중 하나입니다. 프란체스카의 가혹한 운명을 묘사하고 격렬하게 다그치는 표현이 매력적입니다.

보카치오의 『데카메론』을 소재로 한 곡

주페의 오페레타 〈보카치오〉의 서곡 (1879)

주페의 오페레타는 『데카메론』 속 이야기가 아닌, 『데카메론』을 읽은 이들의 인간상을 그린 연극에 붙인 음악입니다. 불륜을 소재로 한 『데카메론』을 읽고 빠져든 아내를 질투한 남편들이 저자인 보카치오를 마을에서 쫓아내고자 하는 이야기지요. 서곡만 따로 연주되는 경우도 많은데, 서곡만으로도 이야기의 코믹함이 충분히 전달되고 들뜬 분위기가 그대로 느껴지는 명곡입니다.

소재로 한 명작이 다수 탄생했는데, 보티첼리의 〈지옥도〉, 미켈란젤로의 〈최후의 심판〉 등이 대표적입니다.

✦ 부르고뉴 지방을 중심으로 발달한 초기 르네상스 음악

초기 르네상스 음악의 중심지는 현재의 프랑스 동부에 위치한 부르고뉴 지방입니다. 중세 부르고뉴에는 부르고뉴 공작이 다스리는 영토였던 부르고뉴 공국이 있었는데, 당시 프랑스 왕가와 혈연을 맺었음에도 백년 전쟁 때에는 영국 편에 서기도 하는 등 독자적인 움직임을 보였지요. 이 부르고뉴 공국에서 활약한 **뒤페**를 대표로 하는 '**부르고뉴 악파**'는 중세 말기에 발달한 악보 기술법을 활용해 새로운 표현을 개척해 나갔습니다.

이 시대에는 미사곡과 **모테트**라고 하는 종교 음악이 주로 작곡되었습니다. 엄격함이 느껴지는 중세 그레고리오 성가에 비하면 이 시대의 음악은 그레고리오 성가를 바탕으로 하면서도 멜로딕한 선율과 조화로운 하모니가 어우러져 아름다움과 온화함이 느껴집니다. 이러한 면이 '신 중심'에서 '인간 중심'으로 이행하는 르네상스 정신의 영향이라고 할 수 있지요.

✦ 부르고뉴 악파를 대표하는 작곡가 뒤페(1397~1474)

15세기 작곡가 **뒤페**는 부르고뉴 악파를 대표하는 작곡가로 알려져 있습니다. 플랑드르에서 태어난 뒤페는 전반생은 프랑스와 이탈리아에서, 후반생은 고향인 프랑스 캉브레 대성당에서 활동했습니다.

뒤페의 전반생 때의 프랑스는 영국과의 백년 전쟁이 지속되면서 전쟁과 함께 영국 문화가 유입되었습니다. 그리고 뒤페는 이탈리아의 볼로냐와 로마에서 음악가로 활동했기에 종종 거점을 이탈리아로 옮겼습니다.

그래서 뒤페의 음악에는 영국 음악과 이탈리아 초기 르네상스 음악의 분위기가 물씬 풍깁니다. 특히 르네상스 음악의 영향으로 그의 음악은 온화하면서도 듣기에 편안한 소리를 냅니다. 또 영국 음악에 영향을 받아 3도와 6도 화음(도와 함께 미나 라를 화음으로 쓰는 방식)을 사용했는데, 이는 그의 음악을 더욱 부드럽게 만들었습니다. 이 밖에도 뒤페는 여러 악장으로 나뉜 곡 안에서도 하나의 파트를 같은 선율로 쓰는 '정선율'이라는 기법도 사용했습니다(악장은 달라도 유심히 들어보면 테너 파트는 고정된 멜로디를 사용하고 있습니다).

뒤페가 작곡한 곡은 〈성 야곱의 미사곡〉이나 〈파도바의 성 안토니오를 위한 미사곡〉처럼 종교 음악이 중심이지만, 소위 '샹송'이라고 불리는 대중을 위한 음악도 많이 만들었습니다.

뒤페의 대표곡

〈성 야곱의 미사곡〉

뒤페는 모두 아홉 개의 미사곡을 남겼는데 그중에서도 두 번째에 해당하는 곡이 〈성 야곱의 미사곡〉입니다. 성 야곱은 그리스도의 열두 제자 중 한 명으로 그중에서도 중심적인 인물입니다. 9세기에 스페인에서 그의 유해가 발견되었는데, 이 곡은 이를 기념하는 미사를 위한 것이었습니다. 르네상스의 영향을 받아 부드럽고 따뜻한 소리로 가득 차 있는 아름다운 곡입니다.

르네상스의 흐름은 로마로, 음악의 중심은 플랑드르로

✦ 레오나르도 다 빈치와 미켈란젤로가 활약한 중기 르네상스

15세기 말에서 16세기 초의 르네상스는 '중기 르네상스'라고 부릅니다. 르네상스 하면 제일 먼저 떠오르는 것이 〈최후의 만찬〉이나 〈모나리자〉로 잘 알려진 **레오나르도 다 빈치**, 〈다비드상〉과 〈최후의 심판〉으로 유명한 **미켈란젤로**, 수많은 성모자상을 남긴 **라파엘로**와 같은 예술가들인데, 이러한 르네상스 '3대 거장'이 활약한 시기가 바로 중기입니다.

15세기 말 예술가들의 활동은 대부호 메디치 가문이 지배했던 피렌체를 중심으로 이루어졌습니다. 피렌체의 메디치 가문은 자신들의 재력으로 르네상스 시대의 예술가들에게 마음껏 활약할 수 있는 무대를 제공해 준 것이지요.

16세기에 들어서자 예술의 보호자는 로마 교황으로 바뀌었고 르네상스의 중심도 로마로 옮겨갔습니다.

✦ 유럽 전역에 르네상스 음악을 퍼뜨린 플랑드르 악파

15세기 말에서 16세기 음악 세계에서는 플랑드르(현재 벨기에 주변) 출신의 음악가, 즉 **플랑드르 악파**가 유럽 각지에서 활약했습니다.

앞서 초기 르네상스에서는 '부르고뉴 악파'를 소개했는데, 이 부르고뉴 영주는 플랑드르 지방의 영주이기도 했습니다. 부르고뉴 공이 15세기 초에 본거지를 플랑드르 지방으로 옮기고, 부르고뉴 지방이 프랑스의 일부로 편입되면서 부르고뉴 궁정과 음악의 중심은 플랑드르 지방으로 이전되었지요.

플랑드르 지방에는 성가대 교육 시스템이 잘 갖추어져 있어서 뛰어난 음악가들을 배출했습니다. 덕분에 플랑드르 악파의 작곡가들은 유럽 각지의 군주들의 눈에 뜨일 수밖에 없었지요. 그러다 보니 여러 나라의 궁정으로 불려 가게 되었고, 이들이 활동하는 지역은 유럽 전역으로 확대되었습니다.

플랑드르 악파는 부르고뉴 악파의 전통을 계승하면서도 이를 더욱 발전시켰습니다. 합창 부분이 늘어났고, 악보에 '시간차'를 표현하면서 카논 기법을 자주 활용했습니다. 카논 기법은 시간차를 두고 멜로디를 엇갈리게 넣어서 마치 술래잡기를 하듯 부르는 돌림노래 방식이지요. 플랑드르 악파의 대표적인 인물에는 조스캥 데프레를 꼽을 수 있습니다.

✦ 아름다운 '돌림노래'를 선보인 조스캥 데프레(1450경~1521)

프랑스 북부 출신의 작곡가 조스캥 데프레는 '르네상스 최고의 음악가'로 일컬어집니다. 프랑스뿐 아니라 밀라노와 로마에서도 활약하며, 항상 작곡 의뢰가 쇄도할 정도로 잘 나가는 작곡가였지요.

조스캥은 여러 파트로 나뉜 합창이 같은 멜로디를 서로 엇갈리면서 따라 부르는 '통모방' 양식을 확립했습니다. 그의 곡을 들으면 같은 선율이 다양한 파트로 표현되고 이들이 서로 어울리면서 매우 아름다운 소리를 만들어내는 것을 알 수 있지요(같은 멜로디를 엇갈려 부른다고 하면 돌림노래로 부르는 〈동네 한 바퀴〉를 떠올리는 분이 많은데, 조스캥의 음악은 이보다는 훨씬 압도적으로 아름다운 소리를 냅니다).

그의 완성도 높은 음악은 미술로 치면 레오나르도 다 빈치에 견줄 정도였습니다.

악보의 출판은 조스캥의 명성을 더욱 드높였습니다. 그전까지 악보는 손으로 받아 써야 해서 가격이 매우 비쌌는데, 15세기에 독일의 구텐베르크가 실용화한 인쇄 기술이 음악 시장에 도입되자 악보의 대중화가 이루어졌지요. 조스캥의 곡은 역사상 처음으로 악보 인쇄업을 시작한 페트루치 공방에서 출판되어 유럽 곳곳으로 광범위하게 퍼져 나갔습니다.

조스캥 데프레의 대표곡

〈무해하시고, 온전하시고, 정숙하신 마리아 님〉 (1519경)

조스캥 데프레가 만든 곡은 수없이 많지만 여기서는 모테트 〈무해하시고, 온전하시고, 정숙하신 마리아 님〉을 소개하고자 합니다. 모테트란 여러 성부가 함께 부르는, 가사가 있는 짧은 곡으로 중세 후기에 활발하게 만들어진 종교 음악입니다. 이 곡의 서두는 카논 형식이어서 〈동네 한 바퀴〉와는 차원이 다른 돌림노래의 아름다움을 느낄 수 있습니다.

르네상스가 널리 퍼지고 소리에 충실한 곡이 만들어진 시대

✦ 점점 더 다양한 지역과 분야로 퍼져나간 후기 르네상스

이탈리아에서 시작된 문화운동, 르네상스는 점점 더 다양한 분야와 지역으로 확대되었습니다.

초기와 중기 때부터 이미 르네상스는 각지로 퍼지면서 회화에서는 네덜란드(현재의 네덜란드와 벨기에)의 반에이크 형제와 브뤼헐, 문학에서는 영국의 시인 초서가 등장했지요. 나아가 16세기 중반 이후인 '후기 르네상스' 시대에는 지역과 분야를 뛰어넘어 많은 예술가와 과학자, 사상가들이 활약했습니다. 후기 르네상스 시대를 대표하는 인물에는 『로미오와 줄리엣』과 같은 많은 희곡을 쓴 <u>셰익스피어</u>, 소설 『돈키호테』로 알려진 스페인의 <u>세르반테스</u>가 있습니다. 이들의 작품은 음악의 소재로도 많이 쓰였지요. 회화에서는 스페인의 엘 그레코가 유명합니다.

또한 자연과학 방면에서는 이탈리아에서 공부한 폴란드인 코페르니쿠스가 지동설을 주장했습니다. 곧이어 이탈리아인 <u>갈릴레오 갈릴레이</u>도 천문 관측에 기반한 지동설을 지지했는데, 이로 인해 교회의 탄압을 받게 된 건 유명한 일화지요.

니콜라이의 오페라 〈윈저의 즐거운 아낙네들〉 중 서곡 (1849)

독일 작곡가 니콜라이가 셰익스피어의 희곡 『윈저의 즐거운 아낙네들』을 바탕으로 만든 오페라입니다. 가난하고 뚱뚱한 기사 폴 스타프가 부잣집 두 여성에게 연애편지를 보내며 벌어지는 좌충우돌기가 주요 내용이지요. 오페라 자체는 볼 수 있는 기회가 많지 않지만, 서곡은 활기가 넘치는 명곡으로 잘 알려져 있습니다.

차이콥스키의 환상 서곡 〈로미오와 줄리엣〉 (1869~1870)

대립하는 두 집안의 아이가 사랑에 빠져 의외의 결말에 이르는 비극적인 이야기 『로미오와 줄리엣』은 많은 작품의 소재로 쓰였습니다. 차이콥스키의 대표작 중 하나인 〈로미오와 줄리엣〉은 동명 이야기의 이미지를 바탕으로 작곡한 연주회용 서곡입니다. 두 집안이 싸우는 장면에서는 검을 맞대고 결투하는 모습이 현악기의 섬세한 움직임과 관·타악기의 격렬한 리듬으로 잘 표현되어 있습니다.

✧ 이탈리아에서 꽃핀 후기 르네상스 음악

르네상스 문화 자체는 이탈리아에서 유럽 각지로 확산되었지만, 음악은 이와 반대로 이탈리아가 후기 르네상스의 중심지가 되었습니다.

이탈리아에서는 르네상스 문학에 영향을 받아 마드리갈이라는 장르의 음악이 유행합니다. 마드리갈은 쉽게 말하면 시에 노래를 붙인 곡으로, 원작에 해당하는 서정시의 감정 표현과 억양에 맞추어 멜로디를 만든 성악곡입니다. 이에 따라 음악은 물론이고 그 텍스트가 되는 가사도 중시했지요. 문학이 발전하면서 가사의 중요성을 깨닫게 된 셈입니다.

종교 음악도 표현이 훨씬 다양해졌습니다. 파트가 세분되고 모방 기법도 복잡해졌으며, 합창을 두 조로 나누어 '이중 합창'의 형태를 취하기도 했습니다. 또 반음이나 불협화음을 사용해 의도적으로 불안정하게 하거나, 곡을 더욱 극적으로 만드는 등 다양한 방면으로 공을 들였습니다.

이와 같은 종교 음악의 발전에는 가톨릭의 매력을 다시 알리고자 하는 측면도 있었습니다. 종교 개혁으로 프로테스탄트의 세력이 커지는 가운데 가톨릭교회에서는 이에 대항하기 위해 사람들의 관심을 끌어모을 필요가 있었기 때문입니다.

✦ 다채로운 소리를 만들어낸 팔레스트리나(1525경~1594)

이탈리아 작곡가 팔레스트리나의 본명은 '조반니 피에르 루이지'이지만 보통은 출신지의 이름인 팔레스트리나라고 불립니다(빈치 마을에서 태어난 레오나르도 다 빈치가 '다 빈치'라고 불린 것과 같지요).

팔레스트리나는 한층 더 다채로운 소리를 내기 위해 7~8파트로 나뉜 합창곡을 만들었습니다. 그러자 항상 누군가가 노래를 부르고 있는 상태여서, 지금까지 르네상스의 대표적인 작곡 기법이었던 돌림노래 방식의 선율이 내는 효과가 떨어졌습니다(《동네 한 바퀴》를 7~8파트로 나누어 부르면 노래가 끊임없이 이어져서 결국에는 무슨 노래를 부르는지 모르겠는 상황에 빠져버리지요).

그래서 팔레스트리나는 지금까지와는 다르게 소리가 이어지는 상태를 전제로 해 그 소리를 어떻게 변화시켜 아름다운 음악으로 만들지를 고민했습니다. 그 결과 하모니로 음악을 진행해 나가는 작곡 기법이 탄생했고, 후대 작곡가들도 이를 계승합니다. 다채로운 소리 안에 머무를 수 있다는 점이 팔레스트리나 음악의 매력이었지요.

로마의 주요 교회 악장을 역임한 팔레스트리나는 종교 음악을 중심으로 작곡 활동을 펼쳤지만 민중을 위한 세속적인 곡도 많이 만들어서 100곡에 가까운 마드리갈을 남겼습니다.

팔레스트리나의 대표곡

〈교황 마르첼로의 미사〉 (1567)

팔레스트리나의 대표곡에는 〈교황 마르첼로의 미사〉가 있습니다. 이 곡을 들어보면 항상 소리가 중첩되어 있어서 선율의 '술래잡기'에서 '화음의 진행'으로 음악의 중심 축이 이동했음을 알 수 있습니다. 이 곡의 제목이기도 한 교황 마르첼로 2세는 16세기 중반이었던 1555년에 교황으로 선출되었지만 즉위한 지 22일 만에 세상을 떠났다는 기록이 있습니다.

콜럼버스와 마젤란의 활약으로 세계가 일체화되다

✦ 르네상스만큼이나 큰 변화였던 신항로 개척

르네상스와 함께 일어난 커다란 변화로는 **신항로 개척**과 **종교 개혁**을 들 수 있습니다.

신항로 개척은 15세기에서 16세기에 걸쳐 유럽의 여러 나라가 아시아와 신대륙으로 가는 새로운 항로를 찾아 나선 일을 말합니다.

향신료나 견직물 등 아시아의 풍부한 물자를 원했던 유럽인은 이들과 직접 교역할 수 있는 항로를 열고 싶었습니다(아시아와 유럽 사이에는 거대한 오스만 제국이 있어서 길이 막혀 있었지요). 또한 기독교를 더 멀리 전파하고 싶은 종교적 의지와 나침반과 항해 기술의 발달 등이 신항로 개척을 나서게 했습니다.

이전에도 이슬람 상인이나 중국 명나라에서 동서를 잇는 항해를 한 적이 있지만 신항로 개척 시대에 이르러서야 비로소 세계의 일체화가 진행되기 시작했습니다.

신항로 개척의 중심지는 **포르투갈**과 **스페인**이었습니다. 두 나라는 대서양을 접하고 있는데다 이베리아반도에서 이슬람교도들과 오랜 기간 싸웠기 때문에 종교에 대한 열정도 남달랐습니다. 그래서 항해자를 각지로 보내 무역 항로를 열었고, 동시에 선교사를 파견해 곳곳에서 포교 활동을 벌였지요.

✦ 포르투갈과 스페인의 해외 진출

신항로 개척의 포문을 연 나라는 **포르투갈**이었습니다. 포르투갈은 아프리카 남단을 돌아 인도로 가고자 했지요. 15세기 전반 '항해왕'이라 불리던 헨리는 아프리카 서쪽 해안에 탐험대를 파견하고, 1488년에 바르톨로메우 디아스는 아프리카 최남단인 희망봉에, 1498년에 **바스쿠 다 가마**는 인도 서쪽 해안에 있는 캘리컷에 도달합니다.

한편, **스페인**은 이탈리아인 **콜럼버스**를 지원해 서쪽으로 돌아가는 항로를 개척합니다. 1492년 콜럼버스는 서인도 제도의 산살바도르섬에 도착해 대서양 서쪽에 육지가 있음을 밝혀냅니다(이후 이는 '신대륙'이 됩니다). 그리고 1519년 스페인 왕 카를로스 1세의 명을 받은 **마젤란** 일행은 드디어 세계 일주에 성공합니다(안타깝게도 마젤란은 도중에 필리핀에서 사망합니다).

신항로 개척으로 아시아와 신대륙, 그리고 유럽은 하나로 이어집니다. 아울러 신대륙과 아시아에서 향신료와 도자기, 견직물 그리고 대량의 은이 들어오면서 세계 경제는 큰 변화를 맞이하지요.

이렇게 얻은 자원은 유럽 여러 나라의 왕권을 공고히 하는 데 기여했고, 이후 자본주의 사회와 문화를 지지하는 두터운 시민층을 형성시켰습니다. 다른 한편으로 유럽의 해외 진출지가 된 신대륙과 아시아 지역에서는 유럽 제국의 식민지화가 시작되었지요.

비판받는 가톨릭과
여러 프로테스탄트 종파의 탄생

✦ 문화·경제적 변화와 함께 나타난 또 하나의 큰 변화

르네상스와 신항로 개척 등 문화·경제적 변화의 시기와 맞물려 기독교 세계에서는 프로테스탄트라는 새로운 종파(교파)가 나타나기 시작했습니다.

이것이 **종교 개혁**이라고 불리는 교회 개혁 운동입니다. 중세 시대 때 가톨릭교회는 대다수의 절대적인 지지를 받았지만, 한편으로는 부와 권력이 집중되면서 성직자의 타락과 교회의 지위를 사고파는 부패가 횡행했지요. 이러한 부패를 비판한 사람들이 새로운 기독교를 만들고자 했던 운동이 종교 개혁입니다.

✦ 독일에서 시작된 종교개혁

종교개혁의 시작은 독일이었습니다. 15세기 중반에서 16세기 초 로마 교황이었던 **레오 10세**는 로마의 성 베드로 대성당을 개축할 자금을 모으기 위해 '이것을 사면, 죄를 범한 인물도 영혼을 구제받을 수 있다'는 **면죄부**를 판매하기 시작했습니다. 이 면죄부를 중점적으로 판매한 지역이 독일(신성 로마 제국)이었지요. 제후들의 연합체 상태였던 독일은 정치적으로 통일되지 않았던 탓에 로마 교황의 입김이 닿는 제후들이 많아서 면죄부 판매의 중요한 거점이 되었습니다.

이러한 가톨릭교회의 횡포를 비판한 이가 독일 비텐베르크 마을의 루터라는 인물입니다. 1517년, 루터는 '**95개조의 논제**'라는 글을 교회 정문에 붙이고 돈으로 구원을 받는다는 면죄부에 의문을 제기하며 가톨릭교회의 부패와 타락을 비판했습니다. 그는 신앙의 근거는 오로지 성서에만 있다고 주장했지요.

로마 교회는 루터의 주장을 이단으로 치부하며 당장 철회할 것을 요구했습니다. 하지만 루터는 교황이 보낸 문서를 대중 앞에서 불태워버렸고, 교회는 파문을 선고합니다. 신성 로마 제국의 황제 카를 5세도 이 혼란에 개입해 루터에게 주장을 철회하라 지시했지만 루터는 듣지 않았습니다. 결국 루터의 주장은 엄격히 금지되었고, 루터는 제국에서 추방당합니다.

하지만 신성 로마 제국의 제후 중에는 루터의 주장에 공감하는 이도 많

종교개혁을 소재로 한 곡

멘델스존의 교향곡 제5번 〈종교 개혁〉 (1830)

루터파의 신자였던 멘델스존은 루터파 교회의 성립 300주년을 기념하기 위해 이 곡을 만들었습니다. 4악장에는 루터가 작곡한 코랄* 〈내 주는 강한 성이요〉의 선율이 쓰였지요. 금관 악기의 화려한 연주가 돋보이는 마지막 코랄도 참 매력적입니다. 원래 이 곡은 두 번째로 작곡된 교향곡이었으나, 멘델스존이 곡의 완성도가 부족하다고 느껴 발표를 뒤로 미루었다고 합니다.

* 루터파 교회의 찬송가. - 옮긴이

았기에, 시간이 흐르면서 점점 루터파의 세력이 커지기 시작했습니다. 이에 제후들은 루터파의 신앙을 인정하도록 제국 의회에 '항의문'을 제출했지요.

이때부터 '항의자'라는 의미의 '프로테스탄트'라는 명칭이 생겼습니다. 신성 로마 제국은 제후들의 연합체적 성격이 강했기에, 이 상황을 방치하다가는 점차 루터파 제후들이 이탈하면서 제국의 분열이 현실화될지도 모르는 일이었습니다. 이에 애가 탔던 황제는 1555년 '아우크스부르크 화의'를 통해 프로테스탄트의 신앙을 인정합니다.

✦ 스위스와 영국의 종교 개혁

종교개혁의 바람은 스위스에도 불며 칼뱅의 종교 개혁에 영향을 미칩니다. 칼뱅은 루터와 마찬가지로 성서에 최고의 권위를 부여하고 신과의 관계

종교 개혁을 소재로 한 곡

힌데미트의 교향곡 〈화가 마티스〉 (1934)

이 곡에서 묘사한 '화가 마티스'는 '마티스 그뤼네발트'라는 독일 화가를 가리킵니다. 종교 개혁과 관련해서 일어난 독일 농민 전쟁에 가담한 인물이지요. 이 곡에는 기독교의 분위기가 느껴지는 악구가 곳곳에 등장합니다. 이 곡의 바탕이 되었던 오페라 〈화가 마티스〉는 제2차 세계대전이 일어나기 전 독일에서 쓰였는데, 반체제적이라는 평가를 받으며 히틀러가 상연을 금지하기도 했습니다.

속에서 인간은 어떻게 살아야 하는가를 중점적으로 설파했지요.

영국에서도 종교 개혁이 일어났습니다. 영국의 종교 개혁은 '이혼'이 계기였습니다. 당시 잉글랜드의 국왕 헨리 8세는 왕비가 아들을 낳지 못하자 이혼을 요구합니다. 하지만 로마 교황이 이를 반대하자 국왕은 영국 국교회를 만들고 스스로 수장이 되어 로마 교황을 받드는 가톨릭교회에서 이탈합니다. 물론 단순히 이혼이 하고 싶어서만은 아니었고, 로마 교황의 영향에서 벗어나 영국의 왕권을 강화하고자 했던 헨리 8세의 의도가 숨어 있었지요.

✦ 프로테스탄트의 찬송가를 발전시킨 프레토리우스(1571~1621)

종교 개혁은 음악에도 영향을 끼쳤습니다. 독일 종교 개혁의 핵심 인물인 루터는 지금까지 성직자가 라틴어로 불러왔던 성가를 이제 일반인들도 부

프레토리우스의 대표곡

〈테르프시코레 무곡집〉 (1612경)

프레토리우스가 프랑스를 중심으로 유럽의 다양한 무곡을 모아 손본 뒤 정리한 것이 〈테르프시코레 무곡집〉입니다. 르네상스 시대의 악기로 연주된 곡이 많아 독특한 정취를 느낄 수 있지요. 듣다 보면 프랑스 도시나 시골에서 사람들이 소박하게 춤추는 모습이 눈앞에 그려집니다. 요즘은 금관악기를 중심으로 한 소규모 앙상블로 편곡되는 경우가 많아서 취주악 애호가들에게 많은 사랑을 받고 있습니다.

를 수 있어야 한다고 생각했습니다. 그래서 이해하기 쉬운 선율과 일반인이 쓰는 독일어로 된 찬송가를 작곡했지요. 이러한 찬송가를 '코랄'이라고 불렀는데, 루터가 죽은 후에도 많이 만들어지면서 합창곡이나 오르간곡으로 발전했습니다.

독일 작곡가이자 오르가니스트였던 프레토리우스는 종교 개혁이 한창이던 독일에서 태어나 프로테스탄트의 찬송가를 발전시킨 인물입니다. 그의 작품은 대부분 루터파 교회를 위해 쓰인 종교곡이지만, 대표적으로 알려진 것은 사람들이 춤을 추게끔 쓰인 '테르프시코레'라는 무곡집입니다.

✦ 가톨릭이 반격하면서 일어난 종교 전쟁

프로테스탄트가 교회를 비판하고 개혁을 호소하는 '종교 개혁'을 일으키자 가톨릭교회도 방어와 반격에 나섰습니다. 바로 '반종교 개혁'이라고 불리는 운동입니다. 가톨릭은 교회의 가르침을 재확인하고 내부적으로는 개혁을 시도하는 한편, 종교 재판을 강화해 이단을 탄압하고 프로테스탄트를 강도 높게 비판했습니다.

특히 가톨릭교회의 최측근이었던 로마와 이탈리아의 여러 도시에서는 프로테스탄트의 기세가 오르면 오를수록 이에 대항하는 가톨릭 쪽 사람들의 종교적 열기도 거세지면서, 가톨릭의 매력을 알리기 위한 거대하고 화려한 교회가 지어졌습니다.

성가 역시 가톨릭을 알리기 위한 수단으로 사용되면서 이전보다 듣기 쉽고 아름다운 울림을 내는 소리를 추구하게 되었지요. 앞서 언급했던 로마를 중심으로 활약한 팔레스트리나도 르네상스와 함께 반종교 개혁 운동의 영향을 크게 받았습니다.

　가톨릭과 프로테스탄트의 대립은 전쟁까지 불러일으킵니다. 1562년에 시작된 프랑스 **위그노 전쟁**, 1568년의 <u>**네덜란드 독립 전쟁**</u> 그리고 1618년에 일어난 독일의 <u>**30년 전쟁**</u>이 대표적인 종교 전쟁이지요. 종교 전쟁은 다양한 세력을 끌어들이면서 점점 더 격렬해졌습니다.

절대 왕정 시대의 문을 연 스페인

✦ 주권자가 나라를 통일해서 지배하는 주권 국가의 탄생

르네상스, 신항로 개척, 종교 개혁 등으로 사회 구조가 변하면서 세상은 점차 절대 왕정이라고 불리는 '왕들의 시대'로 바뀌어갔습니다.

중세 시대에는 '봉건제'라고 해, 왕과 가신 그리고 그들의 가신으로 이루어지는 주종관계의 복합체를 '나라'라고 불렀습니다. 하지만 이후에는 점차 왕과 같은 주권자가 관료 조직을 이용해 나라 안을 통일해서 지배하는 '주권 국가'의 형태를 띠기 시작합니다(현대 국가의 대부분도 '주권자'인 국민이 대표를 뽑아서 법을 만들고, 그 법이 국내 전체에 영향을 미치는 '주권 국가'입니다. '주권 국가' 중 '주권자'인 국왕이 절대적인 권력을 갖는 정치의 형태가 '절대왕정'이지요).

✦ '태양이 지지 않는 나라' 스페인의 번영과 쇠퇴

이러한 '왕들의 시대' 때 한발 앞서서 세계의 주도권을 쥔 나라가 스페인입니다. 합스부르크가의 일족이 지배하던 스페인의 국왕 카를로스 1세가 신성 로마 제국의 황제로 선출되면서 스페인 왕과 독일 황제를 겸임했습니다. 스페인 왕을 승계한 그의 아들 펠리페 2세는 포르투갈의 왕도 겸임하고 해외 식민지를 여럿 거느리며 '태양이 지지 않는 나라'라고 불리는 번영기를 맞이했지요. 식민지였던 신대륙에서 가져온 방대한 양의 은은 카를로스 1세와 펠리페 2세의 왕권을 받쳐주는 재력으로 작용했습니다.

하지만 번영기도 오래 지속되지는 않았습니다. 스페인이 쇠퇴하기 시작한 계기는 네덜란드의 독립운동이었습니다. 가톨릭의 나라 스페인이 프로테스탄트가 많은 네덜란드에 프로테스탄트 신앙을 금지시키자 네덜란드의 민중은 독립운동에 나섰습니다. 네덜란드에 부과한 과중한 세금에 대한 불만도 더해져 독립운동은 점점 격해지고 20년간의 저항 끝에 네덜란드는 독립을 쟁취했지요.

스페인은 네덜란드의 독립을 도와준 영국에도 자부심 높았던 무적함대를 보냈지만 패배하고 맙니다. 오랜 전쟁으로 피폐해진 스페인은 점점 쇠퇴의 길로 들어섰지요. 한편, 독립을 이루어낸 네덜란드는 세계 무역을 주도하며 17세기 전반 '영광의 17세기'라고 부르는 시대를 맞이합니다.

네덜란드의 독립을 소재로 한 곡

베토벤의 극부수음악 〈에그몬트〉 중 서곡 (1810)

베토벤의 대표곡 중 하나로 알려진 〈에그몬트〉는 에그몬트 백작이라는 네덜란드 군인의 이야기를 소재로 한 극부수음악*입니다. 독일의 시인 괴테가 에그몬트를 주인공으로 한 희곡을 썼는데, 여기에 베토벤이 음악을 붙인 것이지요. 그중 서곡은 베토벤의 대표곡으로 매우 유명합니다. 에그몬트 백작은 스페인의 가신이지만, 네덜란드를 억압하는 스페인에 분노해 독립 전쟁을 주도한 인물입니다.
하지만 끝내 스페인에 체포되어 사형을 당합니다.

* 연극을 상연하기 위해 만든 음악 - 옮긴이

역사와 연관된 취주악곡

관악기와 타악기가 합쳐진 연주 형태

저는 중·고등학교 때는 취주악부에, 대학생 그리고 사회인이 되고 나서는 오케스트라에 소속되어 연주 활동을 해왔습니다. 취주악단과 오케스트라는 언뜻 비슷해 보이지만 취주악단은 주로 관악기와 타악기를, 오케스트라는 현악기와 관악기, 그리고 타악기를 연주한다는 점에서 차이가 있습니다. 사람에 따라서는 오케스트라 곡을 즐겨듣는 분과 취주악을 주로 듣는 분이 있을 테지만, 양쪽 모두를 경험한 저로서는 둘의 매력이 각각 달라서 가능하면 모두 다 듣기를 추천합니다. 취주악이 다소 생소하게 들린다면 지금부터 역사적 배경과 함께 소개할 곡부터 들어보면 어떨까요.

취주악의 역사

취주악의 역사는 매우 오래되었습니다. 고대 메소포타미아와 이집트의 유적과 벽화를 보면 피리나 나팔을 부는 모습을 볼 수 있지요. 또한 로마 제국의 군악대에서도 취주악을 사용했습니다. 현악기보다 소리가 큰 관악기와 타악기는 군대와 관련이 깊어서 주로 행진할 때 리듬을 맞추거나 진퇴의 신호로써 사용되었지요. 시대가 변하면서 막강한 권력을 지닌 왕들이 나라를 통치한 16세기 후반 무렵부터는 군대의 규모가 커진데다 오스만 제국의 영향을 받아 타악기 사용이 늘어났고 이 덕분에 취주악은 더욱 발전해 갔습니다.

18세기 무렵부터는 유명한 작곡가들이 관악기의 합주로 진행되는 연주회용 곡을 자주 만들었습니다. 대표적인 곡이 모차르트의 세레나데 〈그랑 파르티타〉입니다. 19세기 전반에는 멘델스존이 대규모의 취주악단 편성이 필요한 서곡을 작곡하기도 했지요. 이처럼 관악기 합주 연주회와 군악대의 전통이 더해지면서 19세기 중반쯤에는 취주악이라는 형식이 자리를 잡았고 오늘날과 같은 형태를 갖추었습니다.

현재 미국에서는 음악 교육의 일환으로 취주악을 도입하는 예가 많고, 일본에서도 중·고등학교 동아리 활동에서 취주악이 활발하게 연주되며 매해 경연회에서 수준 높은 연주 실력을 보여주고 있습니다.

일본 작가의 취주악 작품

취주악은 오케스트라 연주에 색채감을 입히는 관악기와 타악기 중심의 연주라서 화려하고 울림이 좋은 곡이 주로 만들어집니다. 특히 일본 작곡가들이 활발하게 작품을 발표하고 있지요.

그중에서도 **다루야 마사노리**는 역사를 소재로 한 작품으로 인기를 얻고 있습니다. 프랑스의 7월 혁명을 그린 들라크루아의 〈민중을 이끄는 자유의 여신〉을 모티브로 삼은 곡과, 세계 일주 도중에 사망한 마젤란이 만일 세계 일주에 성공하고 항해를 계속했다면 어떻게 되었을지를 담은 〈미지의 대륙을 향한 마젤란의 도전〉이 그의 대표곡이지요. 자유를 갈망한 민중의 투쟁과 파도를 헤치며 나아가는 마젤란의 항해 모습이 정교하게 묘사되어 있습니다. 또한 그는 〈성모 마리아의 일곱 가지 슬픔〉과 같은 예수의 생애, 초기 기독교와 연관된(혹은 이를 그린 회화와 관련된) 곡도 많이 작곡했습니다.

세계사와 관련해서 일본 작곡가가 만든 곡으로는 **히로세 하야토**가 작곡한 〈레판토 해전〉(오스만 제국의 해군이 스페인을 중심으로 한 기독교 연합군에 패배한 사건)과, **아베 유이치**가 작곡한 교향 조곡 〈람세스 2세〉(적극적인 원정에 나선 고대 이집트 왕) 등이 있습니다.

해외 작곡가의 취주악

이번에는 해외 작곡가가 만든 역사를 모티브로 한 취주악곡을 살펴보겠습니다. 취주악의 역사를 쓴 위대한 인물로는 19세기 말에서 20세기 초에 수많은 행진곡을 만든 미국의 존 필립 수자가 있습니다. '행진곡의 왕'이라 불리는 그는 파리 만국박람회를 위해 〈바다 건너 악수를(Hands Across the Sea)〉이란 곡을 작곡했고, 제1차 세계대전 때 군악대 소장으로 활약하며 〈미국 야포대(US Field Artillery March)〉라는 곡을 만들었지요.

미국 작곡가 데이비드 홀싱어의 〈왕들이 전쟁을 떠나는 봄(In The Spring, At The Time When Kings Go Off To War)〉은 『구약성서』에 등장하는 다비드 왕의 원정과 승리를 그린 곡입니다. 빠르고 복잡하면서도 박력이 넘치는 대규모 곡으로 사람의 목소리까지도 효과적으로 사용했지요.

벨기에 작곡가 얀 반 데르 로스트가 만든 교향시 〈스파르타쿠스〉는 고대 로마의 검투사 노예이자 대규모의 반란을 일으킨 인물 스파르타쿠스를 그린 작품입니다. '로마 3부작'을 작곡한 이탈리아의 레스피기를 향한 오마주라고 악보에 적혀 있는 만큼, 레스피기를 생각나게 하는 다채로운 음악이지요.

체코 태생의 미국 작곡가 카렐 후사는 1968년 체코에서 민주화 운동이 일어난 시기 '프라하의 봄'을 소재로 한 〈1968년 프라하를 위한 음악(Music for Prague 1968)〉을 만들었습니다. 체코 작곡가 스메타나의 〈나의 조국〉에도 사용된 성가가 인용되었지요. 소련의 지배하에서 자유를 외치며 일어선 체코 시민들의 모습과 신성 로마 제국으로부터의 독립을 갈망한 '후스 전쟁'의 이미지가 함께 묘사되어 있습니다.

제 4 장

바로크 음악
(17~18세기 전반)

왕들의 호화로운 궁정 생활과
비발디, 바흐의 등장

✦ 역사 훑어보기

호화스러운 궁전에서 생활하는 왕들이 강력한 힘으로 나라를 움직이던 '왕들의 시대'는 17세기부터 18세기 전반에 정점을 맞이합니다. 그리고 이 시대에는 바로크 문화가 꽃을 피우지요.

화려한 궁전에서 사는 왕 하면 프랑스의 **베르사유 궁전**을 떠올리는 분이 많습니다. 베르사유 궁전은 '태양왕'으로 불리며 권력의 정점에 서 있던 **루이 14세**가 지은 궁전이지요. 이처럼 왕이 주권을 가지고 정책을 결정해서 대규모 전쟁을 일으키던 시대가 '절대 왕정' 시대입니다.

하지만 왕들이 궁정 문화를 꽃피웠던 이 시대를 민중의 시선에서 보면, '**17세기의 위기**'라고 불리던 고난의 시대라 할 수 있습니다. 유럽의 기후가 한랭해지고 페스트 등의 전염병이 돌았기 때문이지요.

또한 종교 개혁의 여파가 여전히 유럽을 거세게 뒤흔들었습니다. 곳곳에서 가톨릭파와 프로테스탄트파가 세력 다툼을 하며 전쟁을 벌였는데, 그 중에서도 가장 격렬했던 건 독일의 **30년 전쟁**입니다.

30년 전쟁은 1618년부터 1648년까지 이어졌는데 여러 외부 세력이 개입하면서 비참한 전쟁으로 끝이 나고 독일은 그야말로 황폐해졌습니다.

이와 달리 반종교 개혁을 추진했던 가톨릭 측의 중심지 이탈리아에서는 가톨릭에 강한 영향을 받은 바로크 문화가 꽃을 피웠습니다.

✨ 음악 훑어보기

호화찬란한 왕들의 생활과 이탈리아의 반종교 개혁에 영향을 받은 문화가 '바로크'입니다. 바로크라는 말은 '비뚤어진 진주'라는 뜻으로 회화와 건축 분야에서 때로는 지나칠 정도로 화려하고 현란한 작품이 만들어졌다는 의미를 담고 있지요. 바로크 문화를 대표하는 건축에는 프랑스 베르사유 궁전이 있으며, 화가에는 극적인 표현에 능숙했던 네덜란드의 렘브란트가 있습니다.

한편, '바로크 음악'은 '회화나 건축에서 바로크 양식이 유행하던 시대의 음악'이라는 의미로, 막상 들어보면 후대의 음악보다도 단순한 곡이 많아서 호화스럽다거나 화려한 인상을 주지는 않습니다. 하지만 이 시대에는 바이올린 등의 악기가 발달하고 선율을 꾸며주는 반주 기법도 다양해져서 음악 자체가 매우 돋보였던 것은 사실입니다. 또 교회와 더불어 왕들의 궁정을 무대로 하는 음악도 발전했지요.

✨ 악기가 점차 음악의 주역으로

이전까지 음악은 사람의 목소리에 의지한 성악, 특히 성가가 중심이었습니다. 지금까지 소개했던 작곡가의 곡도 대부분 성악곡이었지요. 하지만 바로크 시대에 들어서면서 악기 연주(기악)가 점차 발달하고, 소나타나 콘체르토(협주곡), 조곡(組曲) 등의 독자적인 형식이 탄생합니다.

바로크 음악의 무대
(바로크 시대)

소나타는 이탈리아어 '소나레(연주하다)'에서 유래한 말로, '칸타레(노래하다)'라는 말과 대조적으로 쓰였습니다. 간단하게 말하면 '칸타타'가 '성악곡'이고 '소나타'가 '기악곡'이라 볼 수 있지요. 소나타는 원칙상 속도나 분위기가 다른 몇 개의 악장으로 구성되며 이 전체를 '한 곡'으로 봅니다.

예를 들면, 빠른 템포의 악장, 느린 템포의 악장, 쾌활한 분위기의 악장, 차분한 분위기의 악장 등으로 이루어져 있지요. 듣다 보면 악장의 변화를 느끼는 재미가 있습니다. 후에는 한 악장 속에서도 몇 개의 중심 선율을 나누어서 쓰는 방식이 일반화되었고, 이것이 고전파 이후에 많은 교향곡과 기악곡에서 쓰였던 '소나타 형식'의 기원이 됩니다.

이탈리아에서 시작된
종합 예술 오페라

✦ 반종교 개혁의 중심지, 이탈리아

이 시기 이탈리아는 프로테스탄트에 대항하고자 **반종교 개혁**을 일으킨 가톨릭교회의 중심지였습니다. 가톨릭에서는 호화로운 교회를 짓고 이전보다 더 극적인 종교화나 종교극을 보여주면서 자신들의 매력을 알리고자 노력했지요. 이러한 반종교 개혁의 경향이 이탈리아 바로크 양식에 깊은 영향을 미쳤습니다. 지금도 로마에 가면 17세기경에 완성된 화려한 교회나 종교화를 볼 수 있습니다.

✦ 오페라의 등장과 발전

음악 세계에서는 새로운 장르가 등장했습니다. 바로 노래를 중심으로 극을 전개하는 종합 예술 오페라입니다.

르네상스 시대 때 이탈리아에서는 그리스 비극 등을 다루는 음악극이 자주 상연되었습니다. 여기에 16세기 이후 반종교 개혁의 바람이 불면서 종교적인 소재를 다루는 음악극도 자주 상연되었지요. 이후 두 음악극의 요소가 섞이면서 극의 진행도 노래로 하고, 노래가 중요한 장면에서는 가수의 독창을 충분히 들려주는 오페라라는 새로운 장르가 탄생했습니다.

이전의 음악극보다 노래의 역할이 커진 것이지요.

이 시대를 대표하는 작곡가로는 북이탈리아의 만토바와 베네치아에서 활약한 몬테베르디와, 나폴리에서 활약한 스카를라티 등이 있습니다.

✦ 이탈리아에 오페라를 정착시킨 몬테베르디(1567~1643)

르네상스 음악에서 바로크 음악으로 넘어가는 과도기에 활동한 몬테베르디는 이탈리아를 무대로 당시 막 생겨나기 시작한 오페라라는 신장르를 정착시킨 인물로 유명합니다.

몬테베르디가 작곡 활동을 했던 베네치아에서는 일반 민중들의 즐거움을 위해 오페라가 자주 상연되면서 오페라 극장이 많이 건설되었습니다. 오랫동안 음악 활동을 했던 몬테베르디는 35년 동안 꾸준히 오페라를 쓰고 민중을 위한 음악도 다수 만들었습니다.

몬테베르디의 대표곡

오페라 〈오르페오〉 (1607)

몬테베르디의 대표작 〈오르페오〉는 오페라가 처음 시작되었을 무렵에 나왔음에도 완성도가 매우 높은 작품으로 알려져 있습니다. 요즘에도 주변에서 자주 상연하는 모습을 볼 수 있지요. 극의 흐름에 음악을 맞추고, 등장인물별로 반주를 다르게 하거나 장면에 맞추어 조를 바꾸는 등 음악으로 극중 인물의 심리를 뛰어나게 묘사한 점이 특징입니다. 독창, 합창, 기악 등 다양한 스타일의 음악이 등장하며 듣는 이가 지루하지 않도록 고민한 흔적을 곳곳에서 엿볼 수 있습니다.

✦ 오페라의 기본 구조를 정리한 스카를라티(1660~1725)

남부 이탈리아에서 태어난 스카를라티는 오페라의 기본 구조를 정립한 인물입니다. 그는 나폴리 궁정의 악장으로 활동하면서 주요한 업적을 남겼지요. 남부 이탈리아의 나폴리는 17세기 말부터 18세기 초 유럽 오페라의 중심지로 이곳에서 여러 오페라가 탄생했습니다. 그중 스카를라티는 대사를 말하듯이 노래하는 '레치타티보'와, 독창으로 심정을 토로하는 '아리아'가 조화를 이루는 형식을 확립시켰습니다.

극 중간에 독창자가 주인공의 심정을 화려한 기교와 고음으로 노래하는 장면이 들어가자 오페라는 한층 더 인기를 끌었습니다.

그의 아들 도메니코 스카를라티도 건반 악기의 명수로 많은 연습곡*과 〈스타바트 마테르〉라는 종교 음악을 남긴 것으로 유명합니다.

---

* 기악이나 성악에서 기교를 연습하기 위해 만든 곡. - 옮긴이

스카를라티의 대표곡

오페라 〈사랑의 진실〉 중 '태양은 이미 갠지스강 위에' (1680)

스카를라티의 대표작 〈사랑의 진실〉 중 아리아 '태양은 이미 갠지스강 위에'는 성악을 배우는 사람이라면 한 번은 불러본다는 곡으로, 심오한 가사를 낭랑한 목소리로 노래하는 명곡으로 유명합니다. '갠지스강'이라는 가사는 당시 이탈리아에 있던 태양은 동쪽 갠지스강에서 뜬다는 말에서 유래했습니다.

✦ 바이올린을 주역으로 끌어올린 비발디(1678~1741)

베네치아에서 태어난 작곡가 비발디는 음악과 함께 신학을 공부한, 바이올린 연주가인 동시에 교회의 사제이기도 한 인물입니다. 그래서 '붉은 머리의 사제'라고 불렸지요.

비발디와 같은 바이올린 연주가가 등장한 이유는 17세기 후반 북이탈리아에서 아마티, 과르네리, 스트라디바리와 같은 명장들의 일족이 차례차례 바이올린을 제작하며 악기로서의 완성도를 높였기 때문입니다.

비발디는 방대한 곡을 남겼는데 그중에서도 〈사계〉를 필두로 한 수많은 바이올린 협주곡이 유명합니다. 이전까지 보조적 존재였던 바이올린을 독주 악기로 사용하며 일약 주역의 자리에 앉혔습니다. 또한 〈사계〉와 같이 처음과 끝 악장은 빠르고 중간 악장은 느린 템포로 설정하는 방식이 이후에 널리 쓰이면서 협주곡의 주요한 패턴으로 자리 잡았습니다.

비발디의 대표곡

바이올린 협주곡 〈사계〉 (1725)

비발디의 바이올린 협주곡 모음집 〈화성과 창의에의 시도〉에 실린 열두 곡 중 1번부터 4번에 해당하는 '봄, 여름, 가을, 겨울' 네 곡이 〈사계〉라는 곡으로 잘 알려져 있습니다. 말할 필요도 없이 '봄'의 서두 부분이 가장 유명하지만, 속도감 있는 '여름'의 3악장과 '겨울'의 1악장도 멋진 클래식 곡의 대표격이라 할 수 있지요. 꼭 한번 네 곡의 모든 악장을 들어보길 추천합니다.

태양왕 루이 14세의 궁정에서 활발하게 상연된 희극

✧ 절대 왕정의 정점에 섰던 부르봉가

종교 개혁의 바람은 프랑스에도 불어닥쳤고 16세기 후반에는 가톨릭파와 프로테스탄트파로 귀족들이 양분되어 **위그노 전쟁**을 벌였습니다. 부르봉가의 앙리 4세는 35년 이상 이어진 격렬한 전쟁을 수습하며 왕이 됩니다.

앙리 4세부터 시작된 부르봉가가 프랑스 절대 왕정 시대의 정점을 찍습니다. 앙리 4세의 아들, 루이 13세는 리슐리외 추기경과 함께 왕권 강화를 도모하고, 그의 아들인 '태양왕' 루이 14세는 절대 왕정의 절정기를 누립니다. 루이 14세는 "짐이 곧 국가다"라고 외치며 강력한 왕권을 쥔 채 국내 산업을 육성하고 무역 진흥을 위해 힘썼습니다. 이렇게 모은 국가의 재산을 아낌없이 베르사유 궁전 건축과 대외 전쟁에 썼지요.

특히 루이 14세가 말년에 일으킨 **스페인 계승 전쟁**은 유럽을 커다란 전쟁의 소용돌이로 빠뜨렸습니다. 스페인 왕가의 대가 끊기자 자신의 손자를 왕위에 앉히려던 루이 14세에게 스페인 왕가의 친척뻘이었던 오스트리아의 합스부르크 왕가가 반대를 표명하면서 일어난 전쟁이지요. 스페인 계승 전쟁은 프랑스 왕가와 합스부르크 왕가의 경쟁 관계를 보여주는 대표적인 사건 중 하나입니다.

✦ 프랑스 발레의 역사를 연 륄리(1632~1687)

이탈리아에서 넘어온 오페라는 프랑스에서도 유행하기 시작했습니다. 하지만 프랑스에서는 전통적으로 음악은 '춤을 위한 것'이어서 이탈리아풍의 오페라는 프랑스 왕궁과 맞지 않았지요.

그래서 이탈리아에서 프랑스로 넘어온 **륄리**는 인기를 끌고 있던 희극 작가 몰리에르와 손잡고 연극과 무용을 융합해서 춤이 더 많은 부분을 차지하는 '코메디 발레'라는 장르를 만들었습니다.

한편, 륄리의 죽음에 관한 이야기는 자주 입에 오르는데, 콘서트에서 지휘를 하던 륄리가 지휘봉으로 쓰던 막대기를 발등에 찍으면서(당시에는 쇠로 된 지휘봉을 바닥에 두드리면서 박자를 맞추었습니다), 그 상처로 감염병에 걸려 세상을 떠났다고 합니다.

륄리의 대표곡

코메디 발레 〈서민귀족〉 중 '터키 의례 행진곡' (1670)

륄리와 몰리에르가 함께 만든 대표작 〈서민귀족〉은 부유한 한 서민이 귀족이 되고 싶은 마음에 그들의 흉내를 낸다는 내용의 희극으로, 륄리와 몰리에르도 직접 출연했습니다. 첫 공연은 루이 14세의 궁정에서 이루어졌지요. 극 중간에 튀르키예(터키)인이 등장하는 연출이 있는데 이는 당시 프랑스와 오스만 제국(튀르키예)이 외교 관계를 맺었던 것에서 기인한 장면으로 곡 안에도 튀르키예 분위기를 내는 타악기가 쓰였습니다.

절대 왕정에서 공화정을 거쳐 명예혁명으로

✦ 영국에 군림한 처녀왕 엘리자베스 1세

영국에서 17세기의 시작은 여왕 엘리자베스 1세의 후기에 해당합니다. 엘리자베스 1세 시대 때 영국은 당시 최강이었던 스페인 무적함대를 물리치고 동인도회사를 설립해 스페인을 대신해서 세계 제국으로 나아가는 발판을 마련한 시기였지요. 양모 산업을 보호해서 모직물 수출로 부를 쌓은 영국은 막강한 국력을 자랑했습니다. 민중들은 엘리자베스 1세를 '사랑스러운 여왕 베스'라고 부르며 경애를 아끼지 않았지요.

　하지만 엘리자베스 1세는 '처녀왕'이라는 별칭처럼 결혼을 하지 않아서 아이가 없었습니다. 이에 왕가의 혈통은 끊기고 스코틀랜드에서 새로운 왕을 맞이합니다.

✦ 스튜어트 왕조와 의회의 대립으로 일어난 청교도 혁명

스코틀랜드에서 새로운 왕이 탄생하면서 1603년부터 영국에서는 스튜어트 왕조가 시작됩니다. 이 시기에 영국은 격동의 시대를 맞이합니다. 절대 왕정을 내세우는 스튜어트 왕가와 의회가 대립하고, 의회의 중심 세력이었던 청교도(칼뱅파 프로테스탄트)는 청교도 혁명을 일으킵니다. 스튜어트 왕가의 2대 왕, 찰스 1세는 민중 앞에서 공개 처형을 당하지요.

1649년부터 11년간 영국은 역사상 '왕이 없는' 유일무이한 공화정 시기를 맞이합니다. 이 시기에는 청교도 혁명을 주도한 **크롬웰**이 '호국경'이라는 직위를 맡아 영국 정치를 이끌었습니다.

공화정 시대에 영국은 아일랜드를 정복해 영국령으로 만들고 상업 분야의 경쟁자였던 네덜란드와 전쟁을 벌여 승리하면서 세계 무역 시장의 주도권을 잡았습니다. 하지만 크롬웰이 말기에 이르자 독재적 성향을 보이면서 영국 민중들은 왕정의 부활을 원하게 됩니다.

✦ 의회가 나라의 중심을 차지한 명예혁명

크롬웰이 세상을 떠나고 그의 뒤를 이었던 아들은 민중의 지지를 얻지 못하며 국내 통치에 실패합니다. 그러자 처형당했던 찰스 1세의 아들, 찰스 2세가 왕위에 오르고 다시 영국은 왕의 시대로 돌아갑니다. 이를 '**왕정복고**'라고 부르지요.

하지만 찰스 2세와 제임스 2세와 같은 왕정복고 시대의 왕들도 의회와 대립을 피하지는 못했습니다. 의회의 입장에서는 왕이 의회를 무시하고 독재 정치를 일삼기에 그 자리를 없앴는데도 여전히 독재는 일어나고, 이에 왕을 되돌려 놓았더니 또다시 의회를 무시하는 상황이 벌어진 것이지요. 그래서 의회는 해외에서 왕을 모셔 오되 의회를 절대 존중하겠다는 약속을 받아낸다면 독재를 피할 수 있으리라 생각했습니다. 이에 의회는 영국 왕가와 혈연관계에 있는 네덜란드 총독 **윌리엄 3세**와 그의 아내 **메리 2세**에게 편지를 보내고 영국 왕위에 오를 것을 요청했지요.

윌리엄 3세가 네덜란드 군을 이끌고 영국에 상륙하자, 왕이었던 제임스 2세는 망명합니다. 이윽고 윌리엄 3세가 왕위에 오릅니다. 이 혁명은 피비린내 나는 전투 없이 거의 평화적으로 끝났기에 **명예혁명**이라고 부릅니다.

✦ 의회 정치가 확립된 하노버 왕조

윌리엄 3세가 죽자 메리 2세의 여동생 앤이 왕위에 오르지만 앤의 아이가 어릴 때 세상을 떠나면서 스튜어트 왕조의 혈통은 단절됩니다. 이후 영국의 왕은 독일의 하노버라는 곳의 영주 집안에서 영국 왕가의 피를 물려받은 조지 1세가 차지합니다. 조지 1세는 독일에서 태어나고 자랐기 때문에 영어를 전혀 하지 못했다고 하지요. 그로 인해 정치를 대부분 의회에 위임하면서 영국 의회 정치는 드디어 제자리를 찾습니다(이때부터 시작된 하노버 왕조는 후에 윈저 왕조로 이름을 바꾸고 현재의 영국 왕가가 됩니다).

조지 1세와 연관이 깊은 곡

헨델의 〈수상음악〉 중 '알라 혼파이프' (1717)

헨델의 대표곡 〈수상음악〉은 영국 왕 조지 1세의 뱃놀이 연희에서 연주되던 곡입니다. 다양한 주제로 구성된 매력 넘치는 소곡집이지요. '알라 혼파이프'는 영국 무곡 풍의 쾌활한 3박자 곡으로 〈수상음악〉 중에서도 가장 자주 연주되는 곡입니다.

30년 전쟁으로 황폐해진 신성 로마 제국

✦ 17세기에 일어난 가장 큰 전쟁이었던 30년 전쟁

네덜란드 독립 전쟁과 프랑스 위그노 전쟁과 마찬가지로 독일(신성 로마 제국)에도 프로테스탄트와 가톨릭의 대립에 따른 종교 전쟁의 바람이 불었습니다. 1618년부터 1648년에 걸쳐 독일에서 일어난 종교 전쟁인 '30년 전쟁'은 17세기 최대의 전쟁이라고 말할 정도지요.

제후들의 연합체 상태였던 신성 로마 제국에는 가톨릭파 제후와 프로테스탄트파 제후가 혼재되어 있었습니다. 가톨릭 측은 전쟁을 유리하게 이끌기 위해 같은 가톨릭 국가였던 스페인에게 개입을 요구했고, 프로테스탄트 측은 같은 프로테스탄트 나라였던 덴마크와 스웨덴, 그리고 본래 가톨릭 국가였던 프랑스의 힘까지 빌리면서 30년 전쟁은 유럽 전체가 개입하는 대규모 전쟁으로 번졌습니다.

✦ 껍데기만 남은 신성 로마 제국

30년 전쟁이 일어나는 동안 병사들의 약탈은 심각했고 흉작에 따른 기근과 전염병이 발생하면서, 독일은 인구가 1/3로 줄어들 만큼 황폐해졌습니다.

전쟁 후 **베스트팔렌 조약**이 맺어지면서 드디어 휴전 상태가 되었지만 제국을 양분할 정도로 큰 전쟁이 한번 일어나자 이후에는 제국으로서의 일체감을 갖기는 어려워졌습니다. 신성 로마 제국은 존재했지만 독일의 제후는 각자 독립 국가처럼 움직였고 제국은 실질적으로 해체된 것과 다름없었지요.

30년 전쟁 후 독일에서는 **프로이센**과 **오스트리아**라는 두 나라의 힘이 세졌고, 독일은 '프로이센과 오스트리아'와 그 외 크고 작은 다양한 세력이 공존하는 양상을 보였습니다.

✦ 바로크 음악을 집대성한 요한 제바스티안 바흐(1685~1750)

바흐는 음악 교과서에서 '바로크 음악'을 대표하는 인물로 나오지만 사실 정확하게 말하자면 그는 바로크 음악 말기에 활동하면서 바로크 시대의 음악을 집대성한 작곡가입니다. 그는 오페라를 제외한 여러 장르의 음악을 만들고 특히 오르간곡과 종교 음악에서 훌륭한 작품을 남겼지요.

바흐는 가난한데다 자식들도 많아서 바이마르, 쾨텐, 라이프치히, 뮐하우젠, 작센 등의 궁정 음악가와 교회 음악가로 지내며 항상 대우가 더 나은 곳을 찾아 전전했습니다. 30년 전쟁 후 독일은 신성 로마 제국이라는 틀이 무너지고 작은 국가들이 사실상 독립해 나갔기 때문에, 나라별로 저마다 '궁정'이 있었고 궁정 음악가와 교회 음악가를 뽑는 경우가 많았습니다. 하지만 워낙 작은 나라들이어서 대체적으로 보수가 적었기에 바흐는 더 나은 직장을 찾아 곳곳을 돌아다닌 것입니다.

오르간곡 〈토카타와 푸가〉 (1706경)

바흐가 작곡한 오르간곡 중에서 가장 유명하고 인기 있는 곡입니다. 긴장감 넘치는 강렬한 도입부가 포함된 전반부가 '토카타'이고, 이후 다소 복잡한 소리가 술래잡기 하듯 이어지는 부분이 '푸가'입니다. 이 곡은 듣기 쉬워서 파이프 오르간곡을 처음 듣는 입문자에게 적합합니다. 파이프 오르간은 어느 교회의, 어느 파이프를 쓰고, 누가 연주하느냐에 따라 음색이 크게 달라지는 매우 흥미로운 악기지요.

〈브란덴부르크 협주곡 제5번〉 (1721)

바흐가 브란덴부르크(현재 베를린 북부에 위치한 도시)의 영주를 위해 작곡한 합주 협주곡집입니다. 모두 여섯 곡으로 이루어져 있는데 번호 순서대로 작곡한 건 아니고, 제일 마지막에 작곡한 5번이 가장 잘 알려져 있습니다. 5번 곡에서는 지금까지 반주악기로 인식되었던 쳄발로*가 독주 악기로서 전면에 등장합니다. 앞부분은 TV에서 우아한 장면이 나올 때 배경음악으로도 자주 쓰입니다.

* 피아노의 원형인 건반 악기. - 옮긴이

✦ 독일에서 영국으로 활동지를 옮긴 헨델(1685~1759)

바로크 시대를 대표하는 작곡가로서 바흐와 어깨를 나란히 하는 헨델은 아마도 바흐와 같은 나이였을 거라 추정하고 있습니다.

독일에서 태어난 헨델은 유소년기부터 음악적 재능이 뛰어나 여덟 살 때 작곡을 배우기 시작했습니다. 열여덟 살 때는 독일 북부 함부르크에서 바이올린 연주가로 일했지만, 20대 전반에는 이탈리아로 건너가 스카를라티 등에게 오페라 작곡을 배웠고, 이후 독일로 돌아와 스물다섯 살 때 하노버 궁정의 악장직을 맡았습니다.

헨델은 하노버 궁정의 악장을 하면서 휴가 때는 영국으로 건너가 오페라를 작곡하며 호평을 받았습니다. 이에 헨델은 영국을 본거지로 삼기로 결정하고 오페라를 중심으로 작곡 활동을 이어가지요.

그런데 몇 년 뒤 기묘하게도 예전의 군주와 재회하게 됩니다. 독일에서 모셨던 주군 하노버의 군주가 영국 국왕의 피를 이어받았다는 이유로 영국 국왕으로 즉위하며 영국 왕 조지 1세가 된 것이지요.

독일에서 온 탓에 영어를 전혀 하지 못했다는 일화가 전해질 만큼 영국인들 사이에서 거리감을 느꼈던 조지 1세에게, 독일에서부터 알고 지냈던 헨델은 그야말로 든든한 존재였습니다. 헨델과 조지 1세는 계속해서 좋은 관계를 유지했고 헨델은 왕을 위해 〈수상음악〉과 〈왕궁의 불꽃놀이 음악〉을 작곡했습니다. 50대 후반부터 헨델은 오페라보다는 종교 음악을 중점적으로 작곡하면서 '할렐루야'로 유명한 〈메시아〉와 같은 오라토리오를 남겼습니다.

〈옴브라 마이 푸〉 (1738)

원래는 헨델이 만든 〈세르세〉라는 오페라 서두에서 페르시아 왕이 부르는 아리아로 작곡된 곡입니다. 플라타너스 나무 그늘 아래에서 부르는 매우 선율이 아름다운 곡이지만, 이 선율 자체는 다른 작곡가가 쓴 오페라 〈세르세〉의 아리아에서 차용한 것이지요. 원제 〈옴브라 마이 푸〉보다는 '헨델의 라르고'라는 이름으로 더 잘 알려져 있습니다. 일본에서는 1980년대에 위스키 광고에서 쓰이며 크게 유행하기도 했습니다.

〈왕궁의 불꽃놀이 음악〉 중 '환희' (1749)

〈왕궁의 불꽃놀이 음악〉은 헨델의 생애 중 말년에 접어들었을 무렵 작곡한 곡입니다. 이 시기 영국은 프로이센과 오스트리아 사이에 일어난 오스트리아 왕위 계승 전쟁에 오스트리아 측으로 참전했습니다. 비록 전쟁은 영국에게 불리한 방향으로 끝났지만, 종전을 기념하는 축전을 위해 헨델은 이 〈왕궁의 불꽃놀이 음악〉이라는 화려한 곡을 작곡했지요.

대제 표트르 1세의 통치로
유럽 대국의 일각이 된 러시아

✦ 모스크바 공국에서 로마노프 왕조로

중세 말기 러시아는 13세기 중반부터 100년이 넘는 기간 동안 몽골의 지배를 받았습니다. 그러다 서유럽에서 르네상스가 일어날 무렵인 15세기에 모스크바 대공국이 몽골에서 독립을 쟁취했지요. **모스크바 대공국**의 이반 3세와 '뇌제'라고 불렸던 **이반 4세**는 '차르(황제)'라는 칭호를 붙이고 절대 왕정의 기초를 닦습니다. 하지만 이후 모스크바 대공국의 혈통이 끊기자 16세기 말 혼란기를 거치며 **로마노프 왕조**가 세워집니다. 이 로마노프 왕조의 시대가 20세기 초까지 이어지는 '제정 러시아' 시대입니다.

1682년에 즉위한 로마노프 왕가의 5대 황제 **표트르 1세**는 '대제'라고 불리며 러시아를 강국으로 만드는 데 크게 기여했습니다. 표트르 1세는 '러시아를 유럽의 강국과 견줄 만한 나라로 만들려면 근대화가 필요'하다고 생각해, 상공업이 발달했던 네덜란드와 영국에 사절단을 파견하고 기술을 배워왔습니다. 근대화가 이루어지자 러시아는 북방 전쟁을 벌이며 스웨덴을 물리치고 발트해 연안에 신도시 **페테르부르크**를 건설합니다. 이로써 유럽 대국의 일각을 차지했지요. 러시아는 기독교 중에서도 러시아 정교가 막강해서 다른 나라가 경험했던 종교 전쟁이 일어나지 않았습니다.

음악의 다양한 '형태'를 표현하는 용어

음악을 들을 때 '가이드'가 되는 음악 용어

4장 바로크 음악 시대부터는 음악의 장르가 다양해집니다. 그래서 잠시 다양한 음악의 '형태'를 나타내는 용어를 살펴보려고 합니다. 용어를 알아두면 제목만 봐도 곡의 분위기와 구조를 짐작할 수 있습니다.

연주 형태나 형식을 나타내는 용어

클래식 음악으로 자주 듣는 오케스트라 곡은 '관현악곡'이라고 합니다. 보통 현악기와 관악기, 그리고 타악기로 편성되어 있지요. 관현악곡 중에서도 악장이 많고 규모가 큰 관현악 작품(소나타 형식인 경우가 많지요)을 '교향곡'이라고 부릅니다. 그 밖에 오페라나 발레의 오프닝 곡만을 선별해 연주하는 '서곡'과, 서곡과 비슷하게 극이 시작되기 전이나 어떤 공연에 앞서서 연주되는 '전주곡' 등이 있습니다. 또한 여러 곡을 하나로 묶어 연주하는 '조곡'도 있지요.

'협주곡'이란 현악기나 관악기, 타악기 등의 독주자가 있고 오케스트라가 반주를 하는 곡을 말합니다. '피아노 협주곡'이나 '바이올린 협주곡'처럼 독주를 담당하는 악기를 제목에 넣는 경우가 많습니다. 독주자가 주로 활약하고 오케스트라는 반주만 하는 곡도 있지만, 독주자와 오케스트라가 말 그대로 협력해서 연주하기도 합니다. 이 경우에는 주요 부분이 오케스트라에 할당된 곡도 많습니다.

'실내악곡'이란 소규모 오케스트라나 몇 명의 연주자로 이루어지는 곡으로, 대개

110

25인 미만인 경우를 가리킵니다. 실내악곡 중에서도 자주 볼 수 있는 형태로는 바이올린 둘과 비올라, 첼로로 이루어진 '현악 4중주'가 있습니다. 만약 여기에 현악기가 하나 더해지면 '현악 5중주'가 되며, 관악기가 하나 더해지면 '클라리넷 5중주'가 되지요(현악기 셋에 플루트가 함께하면 '플루트 4중주'라고 표현합니다).

오케스트라와 합창이 함께하는 경우도 많은데, 종교적인 색채를 띠고 대규모 오케스트라가 동원되는 곡을 '오라토리오'라고 부릅니다.

오페라와 발레

음악이 함께하는 무대 예술로는 '오페라(가극)'와 '발레'가 있습니다. '오페라'는 대사 혹은 상황을 설명해 주는 말을 가창으로 진행하는 음악극으로 독창과 합창이 섞여 있습니다. 발레는 가창 없이 오케스트라 곡에 맞는 춤으로 이야기를 진행하는 무용극입니다. 둘 다 서곡만 선별하거나 몇몇 주요 부분만 묶은 조곡의 형태로 연주하는 경우도 있습니다.

곡의 구조를 나타내는 용어

'소나타'란 주로 독주 악기를 위한 곡으로 몇 개의 악장으로 이루어집니다. '바이올린 소나타', '피아노 소나타'처럼 독주 악기에 소나타라는 말을 붙여 사용하지요. '소나타 형식'은 몇 개의 주제 멜로디가 있고, 이를 계속 발전시켜 나가면서 음악을 만드는 형식을 말합니다. 가장 많은 소나타 형식으로는 두 개의 주요 멜로디와 제시부, 전개부, 재현부로 이어지는 2주제 3부 구조가 있습니다. 소나타와 교향곡의 제1악장에서는 소나타 형식이 쓰이는 경우가 많습니다.

'변주곡'은 하나의 주제를 다양하게 변화시키며 연주하는 곡입니다. 꾸밈음이 붙거나 리듬이 달라지는 등 듣다 보면 다음에는 어떻게 변주될지 궁금해지지요. 모차르트의 〈반짝반짝 작은 별 변주곡〉이 대표적입니다.

'왈츠'는 '원무곡'이라고도 하는데 대개 '쿵-짝-짝' 하는 3박자 리듬입니다. '론도'는 '윤무곡'이라고도 하며 하나의 멜로디 사이에 다른 멜로디가 삽입되며 같은 주제가 여러 번 반복됩니다. 가령 A가 주요 멜로디라면 A·B·A·C·A·B·A처럼 B와 C 등의 다른 멜로디가 끼어들면서 A가 돌고 도는 형식이지요. '카논'과 '푸가'는 술래잡기가 연상되는 돌림노래 형식으로, 카논은 하나의 선율을 다른 파트가 충실하게 쫓아가며 노래하는 곡입니다(〈동네 한 바퀴〉를 떠올리면 이해하기 쉽습니다). 푸가도 돌림노래 형식이지만 주요한 멜로디를 따라 하는 동시에 마치 이에 응답이라도 하듯 변화도 일어나면서 전개되는 곡입니다. '연습곡'은 '에튀드'라고도 하는데 문자 그대로 연습을 위한 곡이지만 때로는 고도의 기술이 요구되는, 예술성이 높은 경우도 있습니다.

곡의 분위기를 보여주는 용어

'야상곡'은 '녹턴'이라고도 부르며 보통은 밤 분위기를 표현하는 로맨틱한 곡이 많습니다. 비슷한 말로는 '세레나데'가 있는데 이는 '소야곡(小夜曲)'이라고도 해서 이역시 밤 분위기를 표현하거나 연애의 감정을 묘사하는 경우가 많지요. '광시곡'은 '랩소디'라고도 불리는 형식이 자유로운 곡입니다. 〈헝가리 광시곡〉, 〈스페인 광시곡〉처럼 민족 음악을 소재로 가져와서 여기에 변화를 주는 방식이 자주 쓰입니다.

제 5 장

고전파 음악 ①
(18세기 중기~후기)

시민들을 매료시킨
새로운 장르의 탄생

✦ 역사 훑어보기

이 시기의 유럽을 살펴보면, 먼저 독일에서는 30년 전쟁 후 오스트리아와 프로이센이 2대 강국으로 떠올랐습니다.

오랜 기간 동안 신성 로마 제국의 황제를 배출해 왔던 **오스트리아**는, 30년 전쟁으로 황제로서의 영향력은 줄었지만 중부 유럽의 지배권을 공고히 하고 노장으로서의 존재감을 키웠습니다. '여제'라고 불렸던 마리아 테레지아의 지배 속에서 빈은 음악의 도시로 발전합니다.

30년 전쟁 후 독일 북동부에 세워진 **프로이센 왕국**은 신흥 세력으로서 군국주의를 표방하며 강대국으로 성장했습니다. '대왕'이라 불렸던 프리드리히 2세는 마리아 테레지아의 경쟁자로, 오스트리아와 두 번에 걸친 전쟁을 벌이며 영토를 빼앗아 오는 데 성공합니다.

한편, 영국에서는 **산업 혁명**이 시작되었습니다. 산업 혁명은 음악에 직접적으로 영향을 미치지는 않았지만 도시로 인구를 집중시키고 시민 계급을 늘리면서 음악의 대중화를 이끌었습니다.

러시아는 황제 예카테리나 2세의 통치 아래 근대화와 영토 확장 정책을 펼치며 폴란드와 크림반도 방면까지 진출합니다.

이 시대 문화의 특징으로는 **계몽사상**의 확산을 들 수 있습니다. 계몽사상이란 왕이나 교회같이 이제까지 지배적 위치에 있었던 것들을 비판하고, 학문적 탐구를 활발히 하면서 얻은 이성을 바탕으로 풍요로운 인간 생활을 최우선에 두고자 하는 사고방식을 말합니다. 17세기 말 무렵 시작된 이 사상운동은 18세기에 이르러 전성기를 맞이했습니다. 계몽사상은 민중들에게 기존의 권위에서 벗어나 자유와 평등을 추구해야 한다는 생각을 심어주며 프랑스 혁명 등의 시민 혁명을 일으키는 원동력 중 하나가 되었습니다.

✦ 음악 훑어보기

18세기 중엽부터 19세기 초의 음악을 '고전파 음악'이라고 합니다. 고전파라고 하면 고대의 음악을 떠올리기 쉬운데, 사실 고전파 음악의 시대는 세계적으로 '근세'에서 '근대'로 이행해 가던 시기지요.

'고전'이라는 말은 이 시기에 확립된 **소나타 형식**(몇 개의 주제 멜로디를 사용해서 음악을 발전시켜 나가는 방식)과 **기능 화성**(규칙적인 화음의 추이에 맞추어 음악을 전개하는 형식)이 이후에 등장하는 모든 음악의 본보기가 되었다는 의미에서 쓰인 것입니다. 현대의 대중가요에도 멜로디나 코드를 진행할 때 위와 같은 방식이 사용되는데, 이 모든 음악적 형식의 기초가 바로 고전파 시대에 성립되었습니다.

고전파 음악을 대표하는 작곡가로는 **하이든, 모차르트, 베토벤**이 있습니다. 이들은 이제까지 오페라와 종교 음악이 중심이었던 음악 세계에 다수의 시민이 들을 수 있는 **교향곡과 현악 4중주곡**이라는 새로운 장르를 도입하고 크게 발전시켰습니다. 5장에서는 오스트리아를 중심으로 활약하며 수많은 교향곡과 현악 4중주곡을 만든 하이든과 모차르트를 소개하고자 합니다.

✦ 교향곡과 현악 4중주곡의 발전

교향곡은 신포니아라고 불렸던 오페라의 서곡을 기원으로 합니다. 원래 오페라의 서곡은 본편을 전제로 한 음악이었으나, 핵심 멜로디가 많은 신포니아를 오케스트라가 단독으로 연주하는 방식도 인기를 얻었습니다. 이에 점차 오페라에서 독립한 신포니아는 연주 시간이 길어지고 여러 악장으로 구성된 '교향곡'이라는 형식으로 자리를 잡습니다.

이러한 교향곡을 확립시킨 인물이 '교향곡의 아버지'라 불리는 하이든입니다. 하이든은 처음에는 신포니아를 이어받은 3악장 형식의 교향곡을 작곡하다가, 점차 3박자의 미뉴에트 악장을 포함한 4악장 형식을 만들었습니다. 그리고 6장에서 소개할 베토벤은 미뉴에트 대신 빠른 템포의 스케르초 악장을 넣고, 타악기나 합창을 더하면서 교향곡의 폭을 넓혔습니다. 베토벤이 만든 아홉 곡의 교향곡은 음악사에 길이길이 남을 명곡이 되었고, 이후 교향곡은 작곡가가 혼신의 힘을 다해 만드는 작품이라는 의미가 더해졌습니다.

교향곡과 더불어 고전파 시대부터 낭만파 시대에 발전한 실내악의 중요한 장르가 현악 4중주입니다. 바이올린 둘과 비올라, 첼로의 편성은 딱 오케스트라의 현악기 파트를 축소한 듯한 형태로 고음부터 저음까지 포함하는, 가장 조화로우면서도 풍부한 표현력을 발휘할 수 있는 4중주 조합

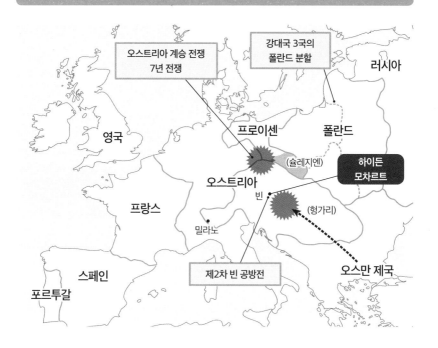

고전파 음악의 무대
(고전파 음악 시대)

이지요.

 오케스트라 곡은 여러 관악기와 타악기를 자유롭게 쓸 수 있어서 어떻게 악기를 사용하느냐에 따라 소리가 크게 달라지는데, 현악 4중주는 누구든 현악기 네 대만을 써서 작곡해야 하기에 마치 체조의 '규정연기'처럼 정해진 규칙 안에서 작곡가가 어떻게 곡을 만드는지를 보는 재미가 있습니다.

음악의 도시 빈에서 발전한 음악 문화

✨ 중부 유럽의 대국이 된 오스트리아

17세기에 일어난 30년 전쟁은 대대로 신성 로마 제국의 황제 자리를 차지하며 독일의 통치권을 쥐락펴락했던 오스트리아 합스부르크가에게 큰 타격을 주었습니다. 전쟁의 결과로 영지가 크게 줄었고 황제로서의 실질적인 통치권도 잃어버렸지요.

오스트리아의 힘이 약해지자 주변 국가들에는 기회가 찾아왔습니다. 먼저 아시아에서는 오스만 제국이 빈을 노리며 공격해 왔지요. 또 오스트리아의 친척뻘이던 스페인 합스부르크가의 혈통이 끊기자, 프랑스에서는 자신의 자손을 스페인 왕위에 앉히기 위해 획책을 꾸미기도 했습니다.

이로 인해 17세기 말에 발발한 두 전쟁이, 1683년에 시작된 **제2차 빈 공방전**과 1701년에 시작된 **스페인 계승 전쟁**입니다. 오스트리아의 입장에서는 적들의 침공이 끊이지 않았던 셈이지요. 하지만 큰 위기를 맞았던 오스트리아는 위기를 기회로 바꾸는 데 성공합니다. 오스트리아 역사에 길이 남을 명장 프린츠 오이겐이 오스만 제국으로부터 헝가리를 뺏어오고, 스페인 계승 전쟁에서는 **밀라노**를 차지하는 커다란 성과를 올렸습니다. 일련의 전쟁으로 동쪽과 남쪽에 국토를 늘린 오스트리아는 '독일 황제'라는 지위에서 벗어나 '중부 유럽의 대국'으로 인식되기 시작했습니다.

오스트리아가 차지한 밀라노는 북이탈리아를 대표하는 도시였습니다. 바꾸어 말하면 이탈리아 입장에서는 북부의 주요 도시를 오스트리아에 빼앗긴 상황이지요. 이후 19세기 중반까지 이탈리아의 북부에서는 오스트리아의 통치가 이어졌고, 이탈리아인에게 밀라노는 오스트리아 지배의 상징처럼 여겨졌습니다(당시 이탈리아 중부와 남부는 여러 세력이 난립하는 불안정한 상황이었습니다).

✦ 음악의 도시 빈과 타악기의 유행

오스트리아가 위기를 헤쳐 나가던 시기에 오스트리아 대공들(이후 등장하는 마리아 테레지아의 증조부와 조부)은 음악을 비롯한 예술에 조예가 깊어 직접 작곡가로 활동하며 수많은 곡을 만들었습니다. 그래서 빈은 다수의 음악가를 배출한 '음악의 도시'가 되었지요. 오스트리아가 동쪽 방면에 있던 헝가리를 차지한 것도 음악의 발전에 크게 기여했습니다.

오스만 제국과의 싸움에서 이긴 오스트리아는 그들의 영토였던 헝가리를 손에 넣고 오스트리아 대공은 헝가리 왕을 겸임했는데, 이에 따라 오스만 제국의 '튀르키예풍'의 음악 문화가 유입되기 시작했습니다. 특히 오스만 제국의 군악대가 사용했던 북과 심벌즈, 트라이앵글 등의 타악기를 빈의 작곡가들이 적극적으로 사용하면서 이후 오케스트라의 음색은 한층 더 다채로워졌지요.

하이든의 교향곡 제100번 〈군대〉 (1794)

〈군대〉라는 부제를 가진 하이든의 교향곡 제100번에서는 2악장과 4악장에 북, 심벌즈, 트라이앵글 등 '튀르키예 군악 세트'의 전형인 타악기가 사용됩니다. 초연할 당시 이미 '군대 교향곡'이라고 선전되면서 폭발적인 인기를 얻었다고 하지요. 2악장에서는 타악기뿐 아니라 군대를 상징하는 신호인 나팔음까지 더해져 귀를 더욱 즐겁게 합니다.

모차르트의 피아노 소나타 제11번 3악장 '터키 행진곡' (1783경)

일반적으로 자주 접하는 '터키 행진곡'에는 모차르트의 피아노 소나타 제11번 3악장 '터키 행진곡'과, 베토벤의 극부수음악 '터키 행진곡' 두 개가 있습니다만, 여기서는 모차르트의 곡을 소개하겠습니다. 3악장으로 구성된 피아노 소나타의 마지막 3악장이 '터키 행진곡'이지요. 왼손으로 연주하는 저음의 리듬이 군악대가 사용하는 타악기의 리듬을 나타냅니다.

✦ '여제' 마리아 테레지아의 시대

18세기 중반 중부 유럽의 대국이었던 오스트리아에 군림했던 인물이 '여제' 마리아 테레지아입니다. 여성이었던 마리아 테레지아가 오스트리아를 상속받자 주변 국가들은 반발했고, 이에 오스트리아 계승 전쟁과 7년 전쟁이 일어나지만, 이러한 전쟁을 견디면서 마리아 테레지아는 내정 개혁에 몰두해 국력을 충실하게 키워갔습니다.

40년에 걸친 마리아 테레지아의 통치 기간 동안 빈에서는 음악 문화가 꽃피웠습니다. 여기서 등장한 고전파를 대표하는 작곡가가 하이든과 모차르트지요.

✦ '교향곡의 아버지' 하이든(1732~1809)

어릴 적부터 빈의 슈테판 대성당의 성가대원이었던 하이든은 합스부르크가의 가신이었던 모르친 백작 가문과 헝가리 에스테르하지 후작 가문을 섬기며 런던과 빈에서 작곡 활동을 했습니다.

하이든은 18세기 후반부터 19세기 초까지 고전파 음악의 전 시대를 아우르는 긴 활동기간을 자랑합니다. 생애 동안 작곡한 교향곡이 100편이 넘어서 교향곡의 아버지라고 불리지요. 또한 현악 4중주곡도 70곡 가까이 만들면서 현악 4중주의 아버지라는 별명도 있습니다.

오랜 기간 활동하다 보니 역사 속 인물과 연결고리도 많습니다. 빈의 여제 마리아 테레지아의 이름을 딴 교향곡 제48번 〈마리아 테레지아〉, 프랑스 왕비 마리 앙투아네트가 애청했다고 알려진 교향곡 제85번 〈왕비〉 등 그 시대 배경과 다를 바 없는 곡을 많이 썼습니다. 또 하이든은 음악에 기

교향곡 제45번 〈고별〉 (1772)

하이든은 〈고별〉이라는 교향곡에서 마지막 악장을 연주하는 도중에 연주자들이 한 명씩 퇴장하고 급기야 바이올린 연주자 두 명만 무대에 남는 설정을 선보입니다. 이는 고향에서 멀리 떠나와 에스테르하지 후작 가문에서 홀로 생활하던 단원들의 일시적인 귀향을 염원하는 마음을 표현한 것이지요. 실제로 후작은 이 곡을 듣고 단원들의 마음에 공감하며 휴가를 주었다고 전해집니다.

교향곡 제101번 〈시계〉 (1794)

하이든의 음악적 업적이 종반을 향해 갈 무렵 하이든은 영국에 건너가 런던의 청중들을 위한 〈잘로몬 세트〉라는 여섯 곡의 교향곡을 작곡합니다. 그중 한 곡을 소개하자면 교향곡 제101번 〈시계〉를 꼽고 싶습니다. 이 곡의 2악장은 시계라는 제목처럼 시계의 진자를 연상케 하는 규칙적인 리듬이 특징입니다. 또 4악장에서는 상쾌함이 돋보이는 세련미가 귀를 사로잡지요.

발한 '설정'을 즐겨 넣었는데, 무대에서 한 명씩 순서대로 퇴장하는 교향곡 제45번 〈고별〉, 일부러 바이올린의 튜닝을 엉망으로 해놓고 연주하는 교향곡 제60번 〈멍청이〉, 갑자기 커다란 소리로 청중을 놀래는 교향곡 제94번 〈놀람〉 등 지루할 틈이 없는 매력적인 곡을 다수 만들었습니다.

✦ 프리랜서로 일하며 수많은 명작을 남긴 모차르트(1756~1791)

신동으로 알려진 모차르트는 여섯 살부터 스물다섯 살까지 아버지와 함께 유럽 각지를 여행하며 작곡을 하고 잘츠부르크 대주교의 궁정 음악가로 활동합니다. 하지만 궁정에서의 삶은 오래가지 못했고 새로운 직업을 얻기 위해 스물다섯 살부터는 빈으로 거점을 옮기지요.

대도시 빈에서도 궁정이나 교회에서 일을 얻지 못하자 모차르트는 어쩔 수 없이 프리랜서로 일을 합니다. 서른다섯 살까지는 피아노 연주로 돈을 벌며 작곡을 했지요. 낭비벽도 심했고 돈을 많이 받는 일을 하지 못했던 탓에 모차르트의 생활은 점차 곤궁해졌지만 그 와중에 여러 명곡을 남겼습니다. 모차르트의 작품은 대략 600곡이 넘고 오페라, 교향곡, 협주곡, 독주곡 등 당시 있었던 모든 음악 장르에서 눈부신 업적을 남깁니다.

말년에는 취직자리와 작곡 일을 찾아 드레스덴, 라이프치히, 포츠담, 베를린 등을 떠돌아다녔지만, 이렇다 할 성과를 내지 못하고 빈곤한 생활을 하며 미완성곡 '레퀴엠'을 남긴 채 세상을 떠납니다. 그의 시신은 이름도 없이 다른 시신들과 섞여 묘비 없는 공동묘지에 매장되었다고 알려집니다. 영화 《아마데우스》는 이러한 천재 모차르트를 둘러싼 다양한 인간관계를 묘사하며 고전파 음악의 시대 배경을 잘 표현했습니다.

세레나데 제13번 〈아이네 클라이네 나흐트 무지크〉 (1787)

'세레나데'는 '야곡' 혹은 '소야곡'이라고도 하며 교향곡과 같은 대규모가 아닌 소규모 합주곡을 의미합니다. 모차르트의 이 곡도 '클라이네'는 '작은', '나흐트 무지크'는 '저녁 음악'이라는 말로 '작은 저녁 음악'이라는 뜻이지요. 앞부분만 들어도 무슨 곡인지 알 만큼 유명한 곡입니다.

오페라 〈마술피리〉 중 밤의 여왕 아리아 '지옥의 복수심이 내 마음에 끓어오르고' (1791)

모차르트는 〈피가로의 결혼〉이나 〈돈 조반니〉 등 수많은 오페라를 작곡했는데 〈마술피리〉는 모차르트가 생의 마지막에 완성한 오페라입니다. 그중에서도 '밤의 여왕 아리아'는 극에 달하는 기교가 필요한 곡으로 잘 알려져 있지요. 모차르트의 작곡 기법은 물론이고, 소름이 돋을 만큼 높은 음역을 감당해 내는 성악가의 능력이 한마디로 감탄을 자아냅니다. 인간의 표현력이 이토록 넓을 수 있음에 새삼 놀라기도 하지요.

훗날 독일을 통일하는 신흥 국가 프로이센

✦ '대왕'이 이끄는 신흥 국가

합스부르크가가 이끄는 오스트리아를 '노장'이라고 한다면, 독일 북부의 프로이센 왕국은 '신흥 세력'이라고 할 수 있습니다. 프로이센의 뿌리는 중세 독일의 기사단과 신성 로마 제국의 유력 제후들에게서 찾을 수 있지만, '왕국'이라는 형태는 30년 전쟁 후에 성립되었으니 프로이센은 엄연히 신생 국가였지요.

18세기 전반에 등장한 '군인 왕' 프리드리히 빌헬름 1세는 프로이센의 군비를 확충하고 절약을 실천하며 참으로 독일인답게 진실하고도 강건한 나라를 만들었습니다.

그의 아들이 '대왕'으로 잘 알려진 프리드리히 2세입니다. 총명하면서도 군사적 재능까지 겸비했던 그는 학문적, 예술적으로도 매우 뛰어났지요.

플루트 연주에 능했던 프리드리히 2세는 여러 플루트 협주곡을 남긴 작곡가로도 유명합니다. 프리드리히 2세가 세운 상수시 궁전에는 고급스러운 음악실이 있어서 음악을 사랑했던 훌륭한 군주의 업적을 엿볼 수 있습니다.

✦ 오스트리아와 프로이센의 격돌

'신흥국' 프로이센과 '노장' 오스트리아는 경쟁 국가로서 18세기 중반 두 번 부딪힙니다.

첫 번째 대결은 1740년에 발발한 **오스트리아 계승 전쟁**입니다. 이 전쟁은 오스트리아의 영토를 탐냈던 프리드리히 2세가 여성인 마리아 테레지아가 오스트리아를 계승하는 데 이의를 제기하고, 테레지아의 계승을 인정하는 대신 영토를 요구하면서 시작되었습니다. 프로이센은 이 전쟁에서 승리해 물자가 풍부했던 슐레지엔 지방을 획득하고 영토를 크게 확장했습니다.

패배한 오스트리아는 마리아 테레지아의 계승은 인정받았지만 아까운 슐레지엔 지방을 빼앗겼습니다. 이에 마리아 테레지아는 유럽을 깜짝 놀라게 할 만한 동맹을 결성하지요.

바로 300년 이상 대립해 왔던 숙적 프랑스와의 동맹이었습니다. 오스트리아의 합스부르크가와 프랑스 왕가는 오랜 기간 동안 대립해 왔는데 1756년 마리아 테레지아는 프로이센에 대항하기 위해 대담한 외교 전략을 단행한 것입니다.

프랑스와의 외교 관계가 급변하면서 1770년 합스부르크가는 프랑스 부르봉가와 정략결혼을 진행합니다. 바로 마리아 테레지아의 열다섯 번째 자식이자 당시 열네 살이었던 **마리 앙투아네트**가 프랑스 왕 루이 16세의 왕비가 된 것이지요. 하지만 프랑스 사람들은 오랜 기간 대립했던 오스트리아에서 온 왕비에게 반감을 품었습니다. 이후 일어난 프랑스 혁명에서 마리 앙투아네트는 '민중의 적'으로 몰리면서 결국 단두대에 오릅니다.

✦ 오스트리아의 복수전, 7년 전쟁

오스트리아가 외교 정책을 새롭게 하자 프로이센과 오스트리아의 대립 관계는 다시 극으로 치달습니다. 그래서 일어난 두 번째 대결이 1756년에 시작된 **7년 전쟁**이지요.

7년 전쟁에는 영국과 프랑스를 비롯한 많은 나라가 개입했고, 영국과 프랑스는 이 전쟁과 함께 아메리카 대륙과 인도의 지배권을 건 싸움도 벌이면서 전쟁은 세계 대전쟁의 양상을 띠었습니다.

오스트리아 계승 전쟁에 대한 복수심으로 불타올랐던 오스트리아는 일시적으로 승리를 거머쥐는 듯했으나, 결국에는 프로이센에 패배하면서 영토를 되찾아 오는 데 실패합니다.

오스트리아 계승 전쟁, 그리고 7년 전쟁이라는 두 번의 전쟁을 승리로 이끈 프로이센은 강대국의 지위를 얻습니다.

마리 앙투아네트와 관계가 깊은 곡

하이든의 교향곡 제85번 〈왕비〉 (1785경)

오스트리아에서 프랑스로 시집간 왕비 마리 앙투아네트가 즐겨 들었다고 전해지는 곡입니다. 본문에서 설명했듯이 오스트리아와 프랑스는 오랜 기간 전쟁을 벌였기에 갑자기 동맹 관계를 맺었다 한들 프랑스 사람들이 마리 앙투아네트를 고운 시선으로 볼 리 없었습니다. 그런 앙투아네트에게 고향 오스트리아의 음악은 일상의 고단함을 달래 주는 안식처가 아니었을까요.

전쟁에서는 졌지만 여전히 대국의 위치에 있던 오스트리아는 마리아 테레지아와 그의 아들 요제프 2세가 내정 개혁에 착수합니다.

산업과 시민사회에 큰 영향을 미친 기계의 발달

✦ 수공업에서 기계 공업으로

이 무렵 영국에서는 공업 분야에서의 급속한 진보, 즉 산업 혁명이 일어 났습니다. 산업 혁명이란 '수공업'에서 '기계 공업'으로 변화하는 일련의 기술 혁신을 말합니다. 18세기 중반 증기기관의 개량과 면직물 기계의 발 전은 영국의 생산력을 믿을 수 없을 만큼 올려주었고, 영국은 '세계의 공 장'이라는 지위를 얻습니다.

19세기에 산업 혁명은 유럽으로 퍼지며 각지에 다양한 영향을 미쳤습니 다. 산업 혁명 그 자체가 음악에 직접적인 영향을 미치지는 않았지만 사회 의 변화는 음악에도 간접적으로 영향을 주었지요.

산업 혁명이 음악에 미친 가장 큰 영향은 산업 구조의 변화입니다. 산업 혁명으로 사람들은 공장과 자금을 가진 **자본가**와, 자본가에게 고용된 **노 동자**로 크게 양분되었습니다. 노동자는 가난했고 장시간 노동에 내몰렸지 만, 자본가는 '도시의 부유층'이 되어 음악 등의 예술을 즐겼지요. 또한 산 업이 발달하자 상업과 서비스업에 종사하는 사람이 증가하면서 극단적으 로 부유하지도, 가난하지도 않은 '도시의 중간층'도 생겨났습니다. 이들도 음악을 접하면서 음악은 점차 대중들의 것이 되었지요.

혁명이 가까워진 프랑스와
대국으로 성장하는 러시아

✦ 혁명의 발소리가 들리기 시작한 18세기 프랑스

18세기 프랑스는 대부분 루이 15세의 통치하에 있었습니다. 이 시기 프랑스는 오스트리아 계승 전쟁에서는 프로이센을 지원하며 참전했고, 7년 전쟁에서는 오스트리아 편에 서서 개입했지요. 7년 전쟁은 아시아와 아메리카 대륙을 둘러싼 영국과의 대전쟁으로 발전했고, 그 결과 프랑스는 많은 식민지를 잃어버립니다.

루이 14세 때부터 프랑스는 베르사유 궁전 건설과 반복되는 전쟁으로 재정난을 겪기 시작했습니다. 루이 15세 때에도 잦은 전쟁으로 돈을 많이 쓰면서 재정난은 더욱 악화되었지요.

또한 이 시기 프랑스에서는 왕권의 제한과 민중의 자유와 평등을 제창하는 몽테스키외, 루소 등의 계몽 사상가가 등장했습니다. 이러한 프랑스의 재정난과 자유와 평등사상의 유행은 18세기 말부터 19세기 초에 프랑스 혁명을 이끌어냅니다.

✦ 여제가 이끈 18세기 러시아

거대 국가로서의 발판을 다졌던 '대제' 표트르 1세의 뒤를 이어, 18세기 후반 러시아를 통치한 이는 독일에서 건너와 러시아 황제와 결혼한 '여제' 예카테리나 2세입니다. 귀족 집안의 딸로 태어난 평범한 독일인이었지만 마음이 약하고 능력이 부족했던 남편을 못마땅해하다 혁명을 일으켜 스스로 제위에 오른 여장부지요. 러시아 민중도 혁명을 환영했다고 하니 인망도 높았던 모양입니다.

예카테리나 2세는 황제로서 탁월한 리더십을 발휘하며 법률 등을 정비했습니다. 또한 영토 확장에도 공을 들여 오스만 제국에서 크림반도를 빼앗아 오지요. 일본에 사절단을 보내고 에도 막부에 교역을 제안한 일로도 유명합니다.

✦ 폴란드의 영토 분할

러시아의 야심은 폴란드로도 뻗어 나갔습니다. 예카테리나 2세는 폴란드를 지배하고 자신들의 보호하에 두고자 했는데, 이와 마찬가지로 프로이센과 오스트리아도 폴란드를 노리고 있었지요. 이때 프로이센의 프리드리히 2세는 러시아와 오스트리아에 폴란드의 영토를 분할하자는 제안을 합니다.

동유럽을 대표하는 세 강대국이 영토를 요구하자 약소국이었던 폴란드는 저항도 하지 못하고 세 번에 걸친 영토 분할을 겪습니다. 그 결과 폴란드의 영토는 완전히 러시아와 프로이센, 오스트리아에 넘겨지며 지도에서 자취를 감추고 맙니다.

제 6 장

고전파 음악 ②
(18세기 말~19세기 초)

대서양을 사이에 두고 일어난 두 혁명과 악성 베토벤의 활약

✦ 역사 훑어보기

18세기 후반부터 19세기 초에 걸쳐 대서양을 사이에 둔 두 지역에서는 연이어 세계사적으로 커다란 변화가 일어납니다. 바로 **미국 독립 혁명**과 **프랑스 혁명**입니다.

미국 독립 혁명은 영국의 식민지였던 미국이 전쟁을 통해 영국으로부터 독립을 쟁취한 사건입니다. 독립 후 미국은 왕이 권력을 세습하지 않고 시민이 선택한 대통령이 지도자가 되는 공화제를 실시하지요. 이는 왕과 귀족이 나라를 통치하는 것이 당연시되었던 전 세계에 참으로 '혁명적'인 사건이었기에 단순한 '독립 전쟁'이 아닌 '독립 혁명'이라고 부릅니다.

그리고 미국 독립 혁명은 이어지는 프랑스 혁명에도 커다란 영향을 미칩니다. 미국 독립 전쟁에도 개입했던 프랑스는 심각한 재정난에 시달리면서 이를 바로 잡기 위해 세금을 과하게 거두어들이는데, 이것이 혁명의 발단이 됩니다. 혁명으로 프랑스는 왕이 단두대에 오르면서 왕정이 폐지되고 왕이 없는 공화정이 성립됩니다. 미국과 프랑스 혁명은 시민이 주역인 근대 사회로 넘어가는 계기가 되었지요.

또 프랑스 혁명기의 혼란 속에서 민중의 지지를 받는 **나폴레옹**이 등장

고전파 음악의 무대
(혁명의 시대)

나폴레옹의
최대 지배 영역

영국

프로이센

라인 동맹

바르샤바 대공국

모스크바 원정

러시아

혁명기의
프랑스

빈

베토벤

오스트리아

이탈리아

스페인

포르투갈

해, 훗날 유럽 대륙의 대부분을 차지하지요. 나폴레옹의 지배를 받자 각 지역에서는 저항의 움직임이 일어나고 민족의식과 애국심이 고양됩니다.

✦ 음악 훑어보기

이 시기에 활약한 대표적인 작곡가가 베토벤입니다. 그는 지금까지 이어져 왔던 음악의 양상을 크게 뒤흔들며 고전파 음악에서 낭만파 음악으로 넘어가는 변화를 가져옵니다. 음악사에서도 매우 중요한 자리를 차지하는 인물 중 하나지요. 혁명의 시기는 세계사에서도 커다란 전환점이 되었는데, 음악 분야도 이 시기에 매우 중요한 변화를 맞이합니다.

국민주권 국가가 세상에
출현한 혁명적 사건

✦ 영국의 식민지였던 미국 동부

17세기 이래 영국은 북아메리카 동부 지방에 많은 식민지를 건설했습니다. 그곳에는 크게 열세 개의 식민지가 존재해서 이를 13식민지라고 불렀지요.

북아메리카의 식민지는 영국 본국에서 신앙의 자유를 갈망하며 넘어온 칼뱅파 프로테스탄트, 영주가 되기 위해 건너온 이들, 영국 왕에게 토지를 받은 이들 등 저마다 다른 사정을 지닌 사람들이 만든 식민지였습니다. 그래서 13식민지 모두 별개인 상태로 존재했지요.

이처럼 독립적으로 존재했던 식민지가 일치단결해 영국과 싸우게 된 계기는 유럽에서 일어난 7년 전쟁이었습니다. 7년 전쟁은 원래 프로이센과 오스트리아 간의 전쟁이었지만, 영국과 프랑스가 각각 프로이센과 오스트리아 편에 서서 참전하는 바람에 식민지 쟁탈전으로 번졌지요(이를 프렌치·인디언 전쟁이라고 합니다).

✦ 영국의 과중한 세금에 반발한 미국 식민지

프렌치·인디언 전쟁의 결과 영국은 프랑스의 넓은 식민지를 차지합니다.

13식민지에 거주하던 사람들도 원래는 영국인이었기에 프랑스에 자신들의 토지를 뺏기느니 영국의 식민지인 상태가 더 나았습니다. 하지만 이 전쟁의 승리로 새로운 문제와 맞닥뜨립니다.

바로 전쟁의 비용을 누가 감당하느냐 하는 문제였지요. 영국 본국은 전쟁 기간 많은 병사와 물자를 북아메리카로 보낸 탓에 막대한 전쟁 자금을 썼습니다. 그래서 이를 식민지 사람들에게 세금을 부과해서 충당하려고 했지요. 이에 전쟁 비용을 현지에서 조달코자 설탕, 기호품, 인쇄물 등 다양한 물건에 무거운 세금을 매깁니다.

식민지 입장에서는 영국 본국의 방침으로 일어난 전쟁인데 자신들이 무거운 세금을 감당해야 한다니 납득할 수 없었습니다. 그런 와중에 1773년 '보스턴 차 사건'이 일어나지요. 영국은 식민지에서 파는 차를 영국 동인도 회사가 독점하도록 해, 사실상 차로 세금을 거두어들이겠다는 '차법'을 통과시킵니다. 이에 반발한 급진파가 보스턴 항구에 들어온 동인도 회사의 배를 습격해 차 상자를 바다로 내던져 버립니다. 이후 영국이 이 사건에 대한 제재를 가하자 식민지인들은 힘을 합쳐 본국에 독립을 요구하지요.

이렇게 영국 본국과 식민지 간의 대립이 깊어지자 1775년 **미국 독립 전쟁**이 발발합니다. 처음 식민지인들은 영국 정규군에 밀려 고전을 면치 못하지만, 프랑스의 지원을 받은 후 점차 전세를 역전시키고 끝내 승리합니다. 그리고 조지 워싱턴을 초대 대통령으로 임명하고 미합중국을 세우지요. 미국의 독립은 국민을 주권자로 하는 새로운 형태의 국가가 세상에 등장한 혁명적인 사건인 만큼 '미국 독립 혁명'이라고 부릅니다.

국왕이 단두대에서 처형당한 세계사를 뒤흔든 대사건

✦ 강력한 왕권을 무너뜨린 민중의 힘

18세기 말 프랑스에서 시작된 프랑스 혁명은 세계사에서도 매우 중요한 위치를 차지하는 사건입니다. 프랑스 왕국은 이제까지 유럽 중에서도 가장 강력한 왕권을 가지고 있었는데 그런 프랑스에서 혁명이 일어나고 국왕 루이 16세가 민중 앞에서 공개 처형을 당했습니다. 이 사건은 유럽 세계에 커다란 충격을 안겨주었고, 전 세계 사람들에게 자유와 인권의 중요성을 심어주는 계기가 되었습니다.

✦ 프랑스 혁명의 전개

프랑스 혁명의 원인은 재정난과 민중들의 불만이었습니다. 혁명이 일어나기 전, 루이 16세가 왕위에 올랐을 무렵 프랑스는 극심한 재정난에 시달렸습니다. 루이 14세 때의 베르사유 궁전 건설 등 사치스러운 생활과 각종 전쟁, 루이 15세 때의 7년 전쟁 개입, 루이 16세 때의 미국 독립 전쟁 개입 등으로 프랑스는 막대한 전쟁 비용을 치르면서 재정난은 한계에 다다랐지요. 이에 민중들에게 이보다 더할 수 없을 만큼 과중한 세금을 부과했고, 평민들의 불만은 극에 달했습니다.

하는 수 없이 루이 16세는 이제까지 세금을 내지 않았던 '특권 계급'인 성직자와 귀족에게 세금을 부과하고자 했습니다. 당연히 성직자와 귀족들은 반발했지요. 특권 계급이 납세를 거부하자 이번에는 지금까지 일방적으로 무거운 세금을 감당했던 평민이 반발하기 시작했습니다. 결국 프랑스의 과세 문제는 신분 간의 대립으로 치달았습니다.

평민들의 대표는 자신들을 중심으로 의회를 창설하고, 이를 헌법 제정을 목표로 한 '국민 의회'라고 이름 짓습니다. 국왕 루이 16세는 평민을 중심으로 의회가 창설되려는 움직임에 일단 양보하는 자세를 취하지만, 보수적이었던 귀족들이 강력한 탄압을 요구하자 무력을 동원해 민중들을 강하게 압박합니다.

이에 민중들은 1789년 7월 강압 정치의 상징이었던 바스티유 감옥을 습격하면서 프랑스 혁명에 불을 붙입니다. 바스티유 감옥에는 무기와 탄약이 많아서 이를 손에 넣는 것과 동시에 감옥을 습격함으로써 권력에 맞서고자 하는 강력한 의지를 보여주었던 것이지요. 이후 국민 의회는 인권 선언을 발표하고 자유와 평등 그리고 국민 주권 사상을 기초로 하는 혁명의 이념을 세상에 공표합니다.

✦ 권위를 잃고 국민의 적이 된 왕

혁명은 파리 거리에서 진행되었지만 국왕은 파리에서 조금 떨어진 베르사유에 있었습니다. 이에 파리 시민들은 베르사유 궁전으로 쳐들어가 국왕 일가를 파리로 연행하고 시민들의 감시하에 둡니다. 일단은 파리에서 몸을 사리고 있던 루이 16세는 국외로 탈출을 시도합니다. 신변의 위협을 느낀 루이 16세는 파리에서 도망쳐 왕비 마리 앙투아네트의 나라 오스트리아로 가서 보호를 요청할 계획이었지요. 하지만 도중에 발각되면서 루이 16세는 파리로 다시 돌아오고 맙니다.

탈출에 실패하고 파리로 연행된 루이 16세는 이제 완전히 국왕으로서의 권위를 잃습니다. 이러한 상황은 주변 국가들에도 긴장감을 조성시켰지요. 프랑스를 따라서 민중이 폭동을 일으킬까 두려워 주변국의 왕들도 평정심을 유지하기 어려웠습니다.

그중에서도 왕비 **마리 앙투아네트**의 본가인 오스트리아는 앙투아네트를 위기에서 구하기 위해 혁명을 저지코자 적극적으로 획책을 꾸몄습니다. 하지만 프랑스 민중들로 구성된 혁명군은 이보다 앞서서 오스트리아에 선전포고를 하고 그들과 싸움을 벌입니다(이때 혁명군에 가담한 마르세이유 의용군이 불렀던 노래가 현재 프랑스의 국가인 '라 마르세예즈'입니다).

프랑스 혁명(혁명 기념일)을 소재로 한 곡

드뷔시의 전주곡집 제2권 〈불꽃〉 (1913)

드뷔시의 피아노곡 〈불꽃〉은 7월 14일 프랑스 혁명 기념일에 열린 불꽃놀이의 정경을 묘사한 곡입니다. 작곡 시기가 제1차 세계대전이 일어나기 직전이어서 높은 애국심이 엿보이는 곡이지요. 팡팡 터지는 불꽃놀이의 모습을 이리저리 뛰어다니는 섬세한 음표로 묘사했는데, 마지막 부분에서는 저 멀리서 노래가 들리는 듯한 느낌으로 아주 잠시 프랑스 국가인 '라 마르세예즈'의 악구가 등장합니다.

국내 문제였던 프랑스 혁명이 대외 전쟁으로 발전하자 프랑스 국민은 왕을 '국외 세력과 손잡고 혁명을 저지하려는 국민의 적'으로 인식했습니다. 이에 혁명군은 궁전을 습격하고 왕권을 정지시키지요.

✨ 공화정 수립과 공포 정치의 시작

왕권을 없애고 남성들이 참여하는 보통 선거를 실시하면서 프랑스에는 새로운 정부인 **국민공회**가 성립합니다. 이에 따라 사상 처음으로 '왕이 없는 상태'인 제1공화정이 수립되지요. 그리고 루이 16세와 마리 앙투아네트는 민중들 앞에 끌려 나와 단두대에서 공개 처형을 당합니다.

이 소식을 들은 주변 국가의 왕들은 매우 놀랐습니다. 자신들의 나라에서도 프랑스처럼 왕정을 무너뜨리는 혁명이 일어난다면 자신의 목숨도 날아갈지 모르기 때문이지요. 왕정을 지키기 위해서 혁명으로 성립된 프랑스 공화정을 하루라도 빨리 없애고 싶은 심정이었습니다. 이에 각국은 **대프랑스 동맹**을 맺으며 프랑스를 적대시하기 시작했습니다.

주변 나라의 뭇매를 맞게 될 위기에 처하자 프랑스 국내에서는 강력한 리더십을 지닌 인물에게 권력을 집중시키자는 움직임이 일어납니다. 그 결과 **로베스피에르**를 중심으로 한, 급진적 성향이 가장 강했던 **자코뱅파**라는 조직에 권력이 넘어갑니다.

농민과 하층민의 지지를 얻고 있던 자코뱅파 정부는 농노를 해방시키고 가난한 시민을 위한 물가 안정책을 내놓았으며, 또 이러한 정책과는 반대로 징병제를 실시하는 등 차례차례 개혁을 단행해 나갔습니다. 징병제의 효과가 컸던 덕분에 대프랑스 동맹에서 비롯된 위기는 넘겼지만 로베스피에르는 이후에도 독재를 일삼고 반대파를 연이어 단두대에 올리는 등 **'공포정치'**를 시행했습니다. 이로 인해 독재 정치에 불만을 품은 목소리가 높아지면서 끝내 로베스피에르는 체포되어 처형당하고 맙니다.

하지만 이후 성립된 정부는 힘이 약하고 강력한 리더십을 발휘하지 못했습니다. 이러한 상황을 지켜보던 주변국에서는 다시 대프랑스 동맹을 결성하고 프랑스를 공격해 왔습니다.

민중이 리더를 고르는 단계로 나아간 프랑스 혁명

✦ 국민들의 기대를 한 몸에 받은 나폴레옹

왕정을 무너뜨리자 독재가 시작되고, 독재자를 몰아내자 새 정부는 제힘을 발휘하지 못하면서 프랑스의 정세는 계속해서 불안정하기만 했습니다. 게다가 주변국은 틈만 나면 공격을 해왔습니다. 이 혼란을 수습하고 위기를 극복해 나갈 존재로서 프랑스 사람들은 유력한 군사지도자 나폴레옹에게 기대를 모읍니다.

나폴레옹은 북이탈리아로 가서 오스트리아군을 무너뜨리고, 영국과 식민지 인도의 교통로를 차단하기 위해 이집트를 공격하는 등 대규모 원정을 이어 갔습니다. 이를 통해 명성이 드높아지자 원정에서 돌아온 나폴레옹은 쿠데타를 일으키고 권력을 장악합니다.

나폴레옹은 은행을 설립해서 상공업을 발전시켰고 교육 제도를 정비했으며 재산권 보장과 법 앞에서의 평등을 명시한 민법을 제정했습니다. 주변국과도 강화 조약을 맺어서 일단 위기에서 벗어났지요. 민중들은 프랑스에 안정을 되찾아준 나폴레옹을 지지했고, 그는 국민 투표로 황제에 즉위하며 프랑스 인민의 황제라는 칭호를 얻습니다. 이 시대를 '제1제정' 체제라고 부릅니다.

프랑스 혁명은 '왕의 시대'에서, '왕이 없는 시대'를 거쳐 마침내 '모두 함께 지도자를 고르고 그의 지배를 받는' 단계로 나아간 것입니다.

✦ 나폴레옹의 정복 활동과 패배

나폴레옹의 대두와 황제 즉위에 위기를 느낀 주변국은 세 번째 대프랑스 동맹을 결성해 대항합니다. 이에 나폴레옹은 주변 제국으로 원정을 떠나지요. 바다에서는 영국군에게 패하지만 육지에서는 오스트리아·러시아 연합군을 상대로 승리합니다. 또한 프로이센을 무너뜨려 손에 넣은 독일의 작은 나라들을 라인동맹이라는 종속국의 연합체로 만들었습니다. 이로써 이름뿐이었던 신성 로마 제국은 완전히 소멸합니다. 즉위한 지 10년도 채 지나지 않아 나폴레옹은 유럽 대륙의 대부분을 지배합니다.

하지만 러시아 원정은 나폴레옹의 커다란 오판이었습니다. 러시아가 영국과 대륙 간의 무역을 금지하는 '대륙 봉쇄령'을 지키지 않자, 나폴레옹은 제재를 가하기 위해 대군을 이끌고 모스크바로 원정을 떠납니다. 하지만 모스크바 원정은 러시아의 교묘한 작전으로 실패하고 맙니다. 나폴레옹의 군은 전투에서 목숨을 잃고 추위에 쓰러지면서 거의 전멸당합니다.

나폴레옹이 러시아에 패배하자 유럽 여러 나라에는 기회가 찾아왔습니다. 유럽 제국은 네 번째 대프랑스 동맹을 맺고 나폴레옹을 궁지로 몰아넣은 다음 이탈리아 엘바섬으로 유배를 보냅니다. 포기를 몰랐던 나폴레옹은 유럽 제국이 전후 처리를 위해 빈 회의를 벌이던 틈을 타 재기를 노리지만 최종전이었던 워털루 전투에서 결국 패배합니다. 이후 나폴레옹은 대서양의 외딴 세인트헬레나섬에서 유배 생활을 하다 생을 마감합니다.

나폴레옹을 소재로 한 곡

베토벤의 교향곡 제3번 〈영웅〉 (1802~1803)

웅대하게 시작하는 이 곡은 원래 '보나파르트'라는 이름으로 나폴레옹에게 바치는 음악이었습니다. 베토벤은 처음에 나폴레옹을 프랑스 혁명의 성과를 지켜나가고 사람들에게 자유와 권리를 준 존재로 여겼지요. 하지만 황제에 즉위한 뒤로는 나폴레옹을 권력에 급급한 속물이라 비판하며 곡의 제목도 '보나파르트'에서 '영웅(에로이카)'으로 바꾸었습니다.

나폴레옹을 소재로 한 곡

차이콥스키의 서곡 〈1812년〉 (1880)

나폴레옹의 치명적인 실패로 기록된 러시아 원정을 묘사한 곡입니다. 러시아 입장에서 쓰인 이 곡은 러시아의 승리를 기쁜 일로 묘사하고 있지요. 나폴레옹이 이끈 프랑스군은 '라 마르세예즈'의 선율로 표현되는데 이를 통해 전쟁 도중에 힘을 잃고 열세를 보인 프랑스 군과 반대로 힘을 얻은 러시아군의 우세를 보여줍니다. 곡의 마지막 부분에서는 대포 소리와 함께 러시아 제국의 국가가 드높이 울려 퍼집니다.

프랑스 혁명과 나폴레옹에게
큰 영향을 받은 독일

✦ 프랑스 혁명을 저지하는 데 실패한 독일의 두 나라

프랑스 혁명과 나폴레옹의 대두를 지켜보던 독일은 어떤 상황이었을까요. 프랑스 혁명이 일어날 즈음 독일, 다시 말해 독일어권은 강국이었던 오스트리아와 프로이센, 그리고 많은 작은 국가들로 구성되어 있었습니다.

프랑스 혁명의 발발로 위기를 느낀 프로이센과 오스트리아는 혁명에 적대적으로 대응했습니다. 공동 선언을 발표하고 유럽 군주들에게 주의를 당부하며 프랑스 혁명을 저지하기 위해 군대를 보냈지요. 하지만 혁명군과의 싸움에서 진 두 나라는 더 이상 프랑스 혁명을 막을 수 없었습니다. 대신 양국에서는 국내에서 혁명적 사상이 움트지 못하도록 단속을 철저히 했지요.

✦ 나폴레옹으로 변화를 맞이한 프로이센과 오스트리아

나폴레옹이 황제가 된 후 프로이센과 오스트리아 양국은 모두 나폴레옹에게 패배했습니다. 특히 나폴레옹이 신성 로마 제국을 없애고 '라인동맹'을 결성시키자, 껍데기뿐일지라도 신성 로마 제국의 황제였던 오스트리아 대공은 커다란 타격을 입습니다. 로마의 황제라는 지위를 반납한 오스트

148

리아 대공은 이제 '오스트리아의 황제'로서 자신들의 지배하에 있던 헝가리와 체코를 관리하는 데 더 집중했습니다.

프로이센도 나폴레옹 때문에 영토가 반으로 줄며 커다란 위기에 봉착했습니다. 하지만 이 위기가 프로이센이 독일을 통일시키는 계기가 되었지요. 패전은 농노제 폐지와 군대의 근대화 등 개혁으로 나아가는 원동력이 되었는데, 이는 국토를 프랑스군에게 점령당하자 민중들이 자신이 '독일인'임을 강하게 인식했기 때문입니다.

✦ 음악사에 혁명적인 전환점을 만든 베토벤(1770~1827)

'악성(樂聖)'이라 불리는 베토벤은 고전주의에서 낭만주의로 넘어가는 과도기에 활약한 인물로 음악사에서 매우 중요한 자리를 차지하는 작곡가입니다. 하이든과 모차르트의 창작 활동을 이어받아 음악의 커다란 발전을 이루었습니다. 베토벤이 작곡한 아홉 개의 교향곡과 서른두 개의 피아노 소나타, 열여섯 개의 현악 4중주곡 등은 현재도 클래식 음악에서 중심적인 위치를 차지합니다. 그의 곡을 시대순으로 듣다 보면 곡의 구성이 점차 복잡해지고 고전파에서 낭만파로 작풍이 바뀌어감을 알 수 있지요.

베토벤은 다른 작곡가처럼 궁정이나 교회에 고용된 음악가가 아니라 귀족의 지원과 시민들의 인기에 힘입어 활동하는 최초의 '직업예술가'입니다(모차르트도 프리랜서였지만 궁정이나 교회에서 일을 얻으려고 노력했습니다. 베토벤은 애초에 그러한 주종관계를 거부했다고 전해집니다).

베토벤은 독일의 서부 도시 본에서 태어났지만 주로 오스트리아 빈에서 작곡가로서 활동했습니다. 베토벤이 작곡을 한 시기는 프랑스 혁명과 나폴레옹의 등장 그리고 나폴레옹 이후의 빈 체제라는 격동의 시대였지요.

베토벤은 프랑스 혁명 정신에 어느 정도 공감했으며, 교향곡 제3번 〈영웅〉은 원래 민중의 자유와 권리라는 혁명의 이념을 제창한 나폴레옹을 찬양하기 위해 만든 곡으로 알려져 있습니다(나폴레옹이 황제가 되자 제목을 '영웅'으로 바꾸었지요).

베토벤의 곡은 비교적 짧은 '주제 선율'을 변형하거나 전조시키면서 엮은 다음 이를 장대하고 감동적인 음악으로 재탄생시키는 뛰어난 구성력이 특징입니다. 베토벤의 주제 선율은 차이콥스키처럼 아름다운 멜로디가 오래 이어지기보다는 (《운명》의 '따다다단'처럼) 강렬하고 짧은 탓에 마치 주제 선율이 전부인 듯한 느낌이 듭니다. 하지만 베토벤은 이 주제 선율에 철저하게 파고들어서 대규모의 곡으로 만들어냅니다. 이는 마치 작은 벽돌 하나하나를 쌓아 올려 거대한 집을 만드는 듯한 감동을 안겨주지요(이러한 그의 작곡법을 주제 선율의 전개 기법이 탁월하다고 표현합니다).

이러한 베토벤 음악의 특징이 잘 나타난 곡이 교향곡 제5번과 제7번입니다. 그 외에도 악장에 제목을 붙이고 그 정경을 음악으로 묘사하려고 한 교향곡 제6번, 합창과 타악기를 사용해서 훨씬 극적인 표현을 추구했던 색다른 교향곡 제9번 등이 유명합니다.

젊은 시절부터 난청에 시달리고 말년에는 아예 귀가 들리지 않는 상황에서도 끊임없이 명작을 만들어낸 것도 베토벤을 신격화하는 이유 중 하나입니다. 그의 장례식에는 2만 명이 넘는 사람이 참석했다고 합니다.

베토벤의 대표곡

교향곡 제5번 〈운명〉 (1806~1808)

'운명'은 이 곡의 서두에 대해 베토벤이 "운명이란 이렇게 문을 두드린다"고 말했던 일화에서 나온 제목으로, 베토벤이 정식으로 붙인 이름은 아닙니다. 하지만 이 제목 덕분에 많은 사람에게 알려진 것만큼은 부정할 수 없는 사실이지요. 짧은 주제 선율을 여러 번 되풀이해서 대규모의 곡으로 만드는 베토벤의 매력이 잘 담긴 곡입니다.

베토벤의 대표곡

교향곡 제9번 〈합창〉 (1822~1824)

이 곡은 베토벤의 곡 중에서도, 아니 모든 클래식 음악 중에서도 가장 유명한 곡이 아닐까 싶습니다. 대규모의 합창단원과 타악기, 트롬본을 포함한 대형 오케스트라가 필요하고 길이도 1시간을 넘는 등 그전까지 이어져 온 음악의 상식을 완전히 뛰어넘는 혁명적인 곡입니다. 그중에서도 특히 4악장이 유명한데 앞에서부터 나온 세 개의 악장을 부정하고 극복한 뒤 '환희'에 이른다는 이야기 구성이므로 (전곡을 듣기란 물론 쉽지 않은 일이지만) 꼭 한 번은 전체 악장을 들어보길 추천합니다.

혁명의 시대에 직면한 각 나라의 상황

✦ 미국의 독립 후 격동의 시대를 헤쳐 나간 영국

영국에서도 '혁명의 시대'는 격동의 시기였습니다. 식민지였던 미국과는 독립 전쟁을 치렀고, 프랑스 혁명과 관련해서는 혁명군과 나폴레옹 군에 맞서 제일 선두에서 싸웠기 때문입니다.

하지만 영국은 이 격동의 시대를 헤쳐 나가는 데 성공합니다. 여기서 중심 역할을 한 사람이 스물넷이라는 젊은 나이에 수상이 된 <u>피트</u>입니다.

이 어린 수상은 미국 독립 전쟁으로 악화된 재정과 어지럽게 변한 국제 정세에 맞서 행정·재정 개혁을 단행하며 국내 안정을 도모합니다. 그리고 유럽 제국에 협력을 요청하며 '대프랑스 동맹'을 결성한 뒤 그곳의 중심을 맡습니다. 나폴레옹에게도 끝까지 저항하며 그와의 마지막 전투였던 워털루 전투를 승리로 이끕니다.

피트는 중간에 단절된 기간이 있었지만 약 20년간 영국의 수상을 맡았습니다. 그의 개혁을 바탕으로 영국은 19세기에 '대영제국'이라고 불리는 황금기를 맞이하지요.

✦ 나폴레옹을 물리친 러시아

나폴레옹과의 전쟁에서 그를 물리친 최고의 주역은 러시아입니다. 황제 알렉산드르 1세는 처음에는 나폴레옹과의 싸움에서 뼈아픈 패배를 맛보았지만, 이후 러시아로 원정을 온 나폴레옹에게 맞서 교묘한 작전을 펼칩니다. 그는 나폴레옹 군에게 저항하지 않고 계속해서 후퇴만을 반복해, 나폴레옹의 군대를 러시아 내부까지 유인합니다. 그러고 나서 혹독한 추위가 찾아오길 기다렸다가 역습을 감행해 필사의 전투를 벌이지요(모스크바 시민들을 대피시키고 나폴레옹 군을 시내로 유도한 뒤 거리에 불을 지르는 화공을 펼쳤다고 전해집니다).

러시아 원정의 결과, 나폴레옹 군은 심각한 타격을 입었고 그의 권위는 바닥으로 떨어집니다. 결국 나폴레옹은 왕위에서 물러나지요. 러시아에서는 나폴레옹과의 전쟁을 역사적인 '조국 전쟁'이라 부르며, 자신들의 존재감을 유럽 열강에 각인시킨 사건으로 평가합니다.

✦ 나폴레옹 덕분에 일시적으로 부활한 폴란드

18세기 말 러시아, 프로이센, 오스트리아에 의해 분할되어 지도에서 자취를 감추었던 폴란드를, 나폴레옹이 잠시 '바르샤바 대공국'이라는 이름으로 부활시킵니다. 하지만 이는 어디까지나 나폴레옹의 동맹군으로서의 독립이었으므로, 나폴레옹이 역사에서 사라지자 폴란드는 나폴레옹을 격파한 러시아의 지배를 받으면서 또다시 지도에서 모습을 감춥니다.

제 7 장

낭만파 음악 ①
(19세기 전반)

혁명의 폭풍이 휘몰아치는 유럽과 주제를 표현하기 시작한 작곡가들

✦ 역사 훑어보기

7장에서는 19세기 전반의 역사와 음악을 소개하고자 합니다. 앞서 5장과 6장에서는 18세기부터 19세기 초에 걸쳐 대서양 주변 지역에서 일어난 영국의 산업 혁명, 미국의 독립 혁명, 프랑스 혁명, 나폴레옹 전쟁 등 커다란 사회적 변화에 대해 살펴보았습니다.

이 장에서 다룰 19세기 전반은 앞서 일어난 커다란 사회적 변화가 유럽 세계를 계속해서 뒤흔든 시대였습니다. 특히 프랑스 혁명의 여파는 많은 나라에 영향을 미쳤지요.

오랜 기간 동안 권력자에게 지배받던 민중들은 프랑스 혁명의 이념과 정신이 자신들을 해방시키고 자유와 평등을 가져온다고 여기며 적극적으로 환영했습니다. 그래서 프랑스 혁명처럼 자신들도 폭동을 일으켜 자유와 권리를 손에 넣고자 했지요.

반대로 왕과 귀족 등의 지배 계급은 지금처럼 권력을 유지하고 민중 위에 계속 군림하길 원했습니다. 그들은 자유와 권리를 요구하는 민중의 폭동과 혁명을 억누르고자 했지요.

'지금처럼 권력을 유지하고 싶은 왕과 귀족' 대 '자유와 평등을 쟁취하고 싶은 민중' 간의 대립은 이 시대를 관통하는 핵심 구도입니다.

또한 이 시대에는 왕과 귀족처럼 특권 계급이 아닌, 일반 국민이야말로 국가를 지키는 존재라는 사고가 유행하면서 자신들만의 민족으로, 자신들만의 나라를 세우려는 민족의식과 국민 의식(내셔널리즘)도 성장합니다. 러시아에 지배받던 폴란드와, 오스트리아에 속해 있던 헝가리에서 일어난 민족 운동이 대표적인 예입니다. '지배 계급에 저항한다'라는 혁명의 이념이 민족 운동에도 영향을 준 셈입니다.

✦ 음악 훑어보기

19세기 전반은 '낭만주의'라고 불리는 커다란 예술적 흐름이 탄생한 시대입니다. 크게 보자면 자유와 권리를 찾으려는 시민들의 사고방식과, 독립을 요구하는 민족의 뜨거운 열정이 예술 세계에까지 영향을 미친 시대이지요.

낭만주의의 특징 중 하나는 '**주제 의식**'입니다. 민중과 민족의 강력한 의지가 타오르는 시대이기에 문학과 회화, 그리고 음악에서도 작가가 작품에 메시지와 테마를 담기 시작한 것이지요. 낭만주의의 또 다른 특징으로는 주제 의식과 관련한 '**극적인 표현성**'입니다. 이전보다 더 감정에 호소하면서 긴장과 감동을 불러일으키는 표현 방식을 추구했습니다.

이처럼 표현의 폭이 넓어진 이유는 예술의 소비자가 귀족에서 시민으로 대거 이동하면서 음악이 대중화되었기 때문입니다. 더 많은 청중의 마음을 흔들 수 있는 표현 방식을 택한 셈이지요.

19세기 전반부터 20세기 전반까지 활동한 '낭만파' 작곡가는 다소 많아서 편의상 몇 세대로 나누어 살펴보겠습니다. 7장에서는 19세기 전반에 활동한 1세대와 2세대 낭만파 작곡가를 소개합니다.

낭만파 1세대에 해당하는 인물에는 베버, 슈베르트, 로시니 등이 있습니다. 이들은 18세기 말에 태어나 19세기 초에 주요 작품을 발표했습니다. 나폴레옹 전쟁을 또렷하게 기억하는 세대이기도 합니다.

낭만파 2세대는 1810년에 태어나 19세기 전반에 주요 작품을 발표하고 1860년도 전후에 세상을 떠난 이들입니다. 나폴레옹 전쟁 시기에는 아주 어렸거나 아직 태어나지 않았던 세대지요. 슈만, 멘델스존, 쇼팽, 베를리오즈가 여기에 해당합니다. 나폴레옹 전쟁에 대한 기억은 거의 없습니다.

✦ 낭만파 음악의 특징

고전파 시대에는 음악의 '형식' 쪽이었던 소나타 형식이나 기능 화성 등이 발전했지만, 낭만파 시대에는 음악의 '정신', 즉 어떤 감정을 어떻게 표현하느냐가 중요해졌습니다.

예를 들면, 악보에 나타난 변화로는 강약 기호인 메조 포르테(mf, 조금 강하게), 메조 피아노(mp, 조금 여리게)와 같은 '중간'을 지칭하는 기호가 사용된 점을 들 수 있습니다. 고전파 곡에서는 기본적으로 소리의 강약을 표현하는 기호로는 피아니시모(pp, 매우 여리게), 피아노(p, 여리게), 포르테(f, 강하게), 포르티시모(ff, 매우 강하게) 이렇게 네 종류밖에 없었습니다(일부 예외도 있습니다).

하지만 낭만파 1세대부터는 점차 메조 포르테가 사용되기 시작했고, 2세대에는 대체적으로 메조 포르테와 메조 피아노를 사용해서 곡을 만들

낭만파 음악의 무대
(19세기 전반)

러시아

영국

프로이센
(폴란드)

쇼팽

베를리오즈

슈만
멘델스존
베버

(체코)

오스트리아

파리

빈

프랑스

(헝가리)

이탈리아

슈베르트

로시니

스페인

포르투갈

었지요. 메조 포르테가 사용되면서 피아노도, 포르테도 아닌 그 중간을 표현하기 시작합니다. 감정의 움직임을 전보다 훨씬 세밀하게 그리고자 한 것이지요.

또한 음악에 제목을 붙이는 '표제 음악'의 작곡도 왕성해졌습니다. 원래 음악에서 제목이란 타인이 지어주는 '통칭'일 때가 많았는데, 이제는 문자의 이미지를 빌려와 작곡가가 직접 곡에 제목을 붙이고 주제성을 부여하는 경우가 많아졌습니다.

왕정이 부활하지만 자유와 권리를 갈구하는 민중들

✦ 정통주의로 돌아온 빈 체제

유럽 전체를 지배했던 나폴레옹이 실각하자 유럽 제국의 대표는 빈에 모여 영토를 어떻게 재분배할지 회의를 열었습니다.

빈 회의에서는 '정통주의'가 힘을 얻었습니다. 프랑스 혁명도, 나폴레옹 전쟁도 일단 없던 일로 하고 혁명 이전의 상태로 유럽을 되돌리자는 생각이었지요. 당연히 왕과 귀족은 예전처럼 지배 계급을 유지하고 민중에 대한 지배력도 계속 이어가고자 했습니다. 프랑스에서는 처형당한 루이 16세의 동생 루이 18세가 왕위에 앉으면서 부르봉가가 부활합니다. 또 러시아, 오스트리아, 프로이센은 원래 자신의 지배지로 돌아갑니다. 각 나라는 혁명 이전의 지배 체제로 일단 돌아갔습니다.

하지만 이미 프랑스 혁명을 경험했던 유럽 민중에게 이제 와서 '왕과 귀족에게 일방적으로 지배받는 세상으로 돌아가라'고 말한들 납득할 리 없었습니다. 국민이 정치에 참여하고 지도자도 자신들이 선택하며 농노제도 없는 세상, 즉 프랑스 혁명의 이념은 이미 유럽 민중들 사이에 깊이 심어졌지요. 이에 19세기 전반에는 각국에서 자유와 권리를 갈구하는 민중의 반란과 폭동이 여기저기서 일어납니다.

'프랑스 혁명' 후에도 계속된
'프랑스의' 혁명

✦ 7월 혁명으로 또다시 무너지는 부르봉가

프랑스에서는 나폴레옹이 실각한 뒤 루이 16세의 동생 루이 18세가 왕위에 오르고, 그의 뒤를 샤를 10세가 이어받는 등 일시적으로 부르봉가의 왕정이 부활합니다.

루이 18세는 의회에 협력적인 자세를 보였지만 샤를 10세는 의회를 해산시키고 독재 정치와 절대 왕정을 강화했는데, 이에 따라 자유와 권리를 원하는 국민의 불만은 한층 더 높아졌습니다. 샤를 10세는 국민의 관심을 국외로 돌려서 불만을 잠재울 목적으로 알제리로 군사를 출정시키지만 전혀 효과가 없었습니다.

그러다 1830년 부르봉 왕정을 타도하기 위한 혁명의 불이 다시 피어오릅니다. 바로 **7월 혁명**입니다. 들라크루아의 그림 〈민중을 이끄는 자유의 여신〉에 표현되었던 격렬한 시가전의 결과, 샤를 10세는 해외로 도피하고 부르봉가는 또다시 무너졌으며 자유주의자로 알려진 오를레앙가의 **루이 필리프**가 새로운 왕이 됩니다.

7월 혁명은 전 유럽 민중들에게 프랑스 혁명을 상기시켰습니다. 7월 혁명의 성공으로 각지에서는 '혁명을 일으키면 성공할지도 모른다, 지배자를 쓰러뜨릴 기회가 왔다'는 인식이 퍼지면서 여기저기서 민중들의 봉기와 폭동이 일어납니다.

✦ 2월 혁명으로 다시 시작된 공화정

7월 혁명으로 왕위에 오른 루이 필리프의 왕정을 '7월 왕정'이라고 부릅니다. 루이 필리프는 원래부터 사람들의 자유와 권리에 대한 이해가 깊어 당초에는 '시민의 왕'이라 불리며 민중으로부터 큰 기대를 샀습니다.

하지만 즉위 후 그는 부자들을 우선시하고 부유한 계층에만 선거권을 부여하는 등 민중들의 기대에 반하는 정책을 펼칩니다. 특혜를 입은 자본가에게는 사업의 기회가 늘어나 프랑스의 산업 혁명은 진전을 보였지만, 민중들의 불만은 쌓여 갔고 루이 필리프에게는 '주식의 왕'이라는 별명까지 붙었지요.

그리하여 1848년 파리의 민중이 무장봉기하는 사건이 일어납니다. 그리고 3일 동안 벌어진 시가전의 결과 루이 필리프는 자리에서 물러나 망명을 떠납니다. 이것이 바로 **2월 혁명**입니다. 2월 혁명으로 프랑스는 다시 왕이 없는 상태가 됩니다. 이를 **제2공화정**이라고 부르지요.

프랑스의 2월 혁명은 7월 혁명과 마찬가지로 자유와 권리를 원하는 전 유럽의 민중들이 다시 들고일어나는 불씨로 작용합니다. 오스트리아 빈에서는 민중들의 봉기가 일어나 빈 체제를 주도했던 수상 메테르니히가 망명을 떠나는 **3월 혁명**이 발발합니다. 프로이센에서도 헌법의 제정을 요구하는 민중들의 시위가 일어납니다. 오스트리아의 지배를 받고 있던 헝가리와 북이탈리아 등지에서도 민중들의 궐기가 이어집니다.

이와 같이 1848년 프랑스 2월 혁명을 시작으로 전 유럽에 옮겨붙은 반란, 폭동, 혁명의 불길을 '국민국가들의 봄(1848년 혁명)'이라고 합니다. 지금껏 하층민으로 살며 권리를 제한받았던 사람들, 다른 나라에 종속되어 있던 이들이 온갖 '지배'에 저항코자 힘을 모아 분출시켰던 것이지요.

✦ 실연을 계기로 기념비적인 명작을 쓴 베를리오즈(1803~1869)

연대순으로는 낭만파 2세대에 해당하지만, 프랑스에서는 초기 낭만파를 대표하는 인물이 베를리오즈입니다. 대표작 〈환상 교향곡〉은 베를리오즈의 실연을 계기로 만들어졌는데, 실연의 아픔이라는 '주제'와 '개인의 감정(원망)'이 담긴 그야말로 낭만파에서만 볼 수 있는 곡입니다.

〈환상 교향곡〉은 대규모의 오케스트라와 무대 뒤편에서 연주되는 오보에, 활을 뒤집어서 나무 부분으로 현을 두드리는 특이한 연주법, 다양한

베를리오즈의 대표곡

〈환상 교향곡〉(1830)

영국에서 파리로 넘어온 여배우를 사랑한 베를리오즈가 자신의 마음이 받아들여지지 않자 감정을 주체하지 못하고 그를 증오하게 되는 심정을 그린 곡입니다. 곡의 줄거리는 '사랑에 실패한 작곡가가 자살을 시도하지만 죽음에는 이르지 못하고 환상에 빠지는데, 그 속에서 사랑했던 여인을 죽이고 자신도 사형을 당한 뒤 마녀들의 향연으로 끌려간다'는 다소 기괴한 내용입니다.

크기의 종 등 악기의 사용 방식이 이전의 고전파 곡과는 매우 동떨어져 있어서 이제는 명백하게 낭만파 시대로 들어섰음을 보여줍니다. 〈환상 교향곡〉 외에도 베를리오즈는 팀파니를 16대나 사용한 〈레퀴엠〉과 『로미오와 줄리엣』과 같은 문학 작품을 바탕으로 만든 곡, 7월 혁명을 주제로 한 〈장송과 승리의 대교향곡〉 등 주제성 짙은 대규모의 곡을 많이 만들었습니다.

제후들의 집합,
통일을 바라기 시작한 독일

✦ 신성 로마 제국의 소멸과 민중의 봉기

빈 회의에서는 유럽을 프랑스 혁명 이전의 상태로 되돌리겠다는 '정통주의' 입장이 고수되었습니다. 하지만 나폴레옹이 해체한 신성 로마 제국은 결국 부활하지 못했고 독일 연방이라는 새로운 국가연합이 결성되었지요. 이로써 중세 이후 끈질기게 이어져 왔던 신성 로마 제국은 완전히 소멸합니다.

한편, 민중 운동은 독일에도 널리 퍼지며 수많은 반란과 폭동이 일어납니다. 오스트리아와 프로이센을 중심으로 하는 독일 연방의 각 구성국은 이러한 반란을 진압하는 데 어려움을 겪습니다. 특히 오스트리아에서는 빈 체제를 주도했던 수상 메테르니히가 망명을 떠나는 사태까지 일어납니다.

✦ 통일을 향해 전진하는 독일

자유와 권리를 갈망하는 민중 운동과 함께 독일은 민족 통일이라는 또 다른 문제도 안고 있었습니다. 이른바 '독일어권'에는 신성 로마 제국 시대부터 여러 제후와 작은 국가가 모여 있었는데 각 나라 사람들에게는 자신들이 똑같은 '독일인'이라는 연대감이 없었지요.

하지만 나폴레옹 전쟁 시기에 독일이 나폴레옹의 지배를 받자 국경을 넘어서 우리 모두 하나의 '독일인'이라는 민족의식이 싹트기 시작했습니다. 다른 민족에게 지배받지 않는 독일이라는 한 나라를 만들어야겠다는 생각과, 자유와 권리를 원하는 민중 의식이 합쳐지자 독일에서는 '한 나라가 되어 자유와 권리를 보장하는 우리만의 독일을 만들자'는 운동이 일어납니다.

이러한 분위기 속에서 독일 작곡가들은 이전의 음악을 더욱 발전시켜서 사람들의 감정에 깊이 호소하는 낭만파 음악의 색깔을 입습니다. 그중에서도 낭만파 1세대인 베버는 독일의 민요를 도입한 곡을 만들고 사람들의 민족애를 불러일으키면서 열광적인 지지를 받지요. 그의 정신은 낭만파 2세대 작곡가와 이후 세대에 해당하는 바그너에게도 계승됩니다. 이와 같은 독일 음악계의 열기는 셀 수 없을 만큼 많은 작곡가를 독일어권에서 탄생시켰습니다.

✦ 독일의 이야기를 오페라로 만든 베버(1786~1826)

독일 작곡가 베버는 낭만파 1세대에 해당하는 음악가입니다. 〈마탄의 사수〉, 〈오베론〉을 비롯한 오페라를 작곡하며 모차르트를 잇는 독일의 작곡가라는 지위를 얻었지요. 실제로 베버의 백부의 딸이 모차르트의 아내 콘스탄치아였으니 베버와 모차르트는 외사촌 관계이기도 합니다.

베버가 서른다섯 살에 쓴 오페라 〈마탄의 사수〉는 그의 곡 중에서도 특히 유명한데 독일의 옛이야기를 소재로 쓰면서 민중에게 열광적인 지지를

베버의 대표곡

오페라 〈마탄의 사수〉 중 서곡 (1821)

'7발 중 6발은 반드시 명중하지만 마지막 1발은 악마의 의도대로 움직인다'는 '마탄 (魔彈)'을 쓴 사냥꾼이 등장하는 독일의 민간 전설을 베버가 오페라로 만든 곡입니다. 원래는 중세 독일의 이야기로 '마탄'은 활과 화살을 의미했지만 오페라에서는 30년 전쟁이 끝난 시대를 배경으로 해서 총이 등장하지요. 〈마탄의 사수〉 중 이 서곡은 초 기 낭만파를 대표하는 곡으로 매우 유명합니다.

받았습니다. 원래 오페라는 이탈리아가 본고장이라는 인식이 강했는데 베 버를 시작으로 독일의 오페라가 뿌리를 내렸지요. 베버는 말년에 영국 런 던으로 건너가 또 하나의 명작 〈오베론〉을 완성합니다. 〈마탄의 사수〉와 〈오베론〉의 서곡은 자주 연주되는 편인데, 중간에 갑자기 다그치듯 격렬한 클라이맥스가 등장하는 방식이 낭만파 곡만의 분위기가 느껴집니다.

✦ 낭만파 1세대의 대표, 가곡의 왕 슈베르트(1797~1828)

베토벤은 1827년 쉰여섯의 나이로 세상을 떠났는데 이듬해 겨우 서른하 나의 나이로 죽음을 맞이한 작곡가가 있습니다. 바로 슈베르트입니다. 슈 베르트의 활동 시기는 베토벤의 활동 기간 중 후반과 대부분 겹치지요.

베토벤과 활동 시기가 비슷함에도 불구하고 일반적으로 베토벤은 고전 파, 슈베르트는 낭만파로 분류되는 경우가 많은데, 실제로 음악을 들어보

슈베르트의 대표곡

〈마왕〉 (1815)

음악 교과서에도 실려 있어 들어본 분도 많을 것입니다. 슈베르트가 열여덟 살에 만든 곡인데 괴테가 쓴 시를 바탕으로 한 가곡이지요. 한 명의 가수가 마왕, 아들, 아버지, 해설자 등의 역할을 음색을 바꾸어가며 노래합니다. 고열과 환각에 시달리는 아들을 안고 말을 모는 아버지와 아이를 죽음으로 데려가려는 마왕의 목소리, 그리고 결국 죽음을 맞이하는 아들의 목소리가 4분이라는 짧은 곡 안에 매우 극적으로 담겨 있습니다.

슈베르트의 대표곡

교향곡 제8번(제7번) 〈미완성〉 (1822)

이 곡이 〈미완성〉이라 불리는 이유는 '1악장과 2악장이 모두 3박자라서 3악장도 3박자로 쓰면 3박자의 곡이 3악장 내내 이어지기에 작곡을 중단했다' 혹은 '1, 2악장의 완성도를 넘어서는 3, 4악장을 작곡하기는 어렵다고 판단했기 때문이다' 등 다양한 설이 있습니다. 이유가 어찌 되었든 저음의 현악기로 시작하는 묘한 분위기의 도입부와 오보에의 애수 짙은 선율에는 〈미완성〉이라는 명칭이 참 잘 어울립니다.

면 짧은 모티프를 겹겹이 쌓아가는 베토벤의 작풍과 달리 슈베르트의 음악은 대체적으로 선율이 길고 가창이 많이 등장하는 등 전형적인 낭만파의 특징을 보입니다.

슈베르트는 '가곡의 왕'이라 불릴 만큼 수많은 가곡을 작곡한 것으로도 유명합니다. 특히 독창에 피아노 반주를 더한 가곡을 600곡 정도 남겼는데, 그의 가곡에서 피아노는 단순히 반주에만 머물지 않고 청중에게 시의 내용을 안내하는 중요한 역할을 맡고 있지요. 이러한 특징도 슈베르트가 낭만파의 창시자로 분류되는 이유 중 하나입니다. 〈마왕〉이나 연가곡 〈겨울 나그네〉 등은 학교 음악 수업에서도 다루어지기에 들어본 적 있는 분이 많을 것입니다.

슈베르트는 열세 살쯤부터 작곡을 시작해 서른하나라는 젊은 나이에 세상을 떠났지만, 그 짧은 기간 동안 1000여 곡에 이르는 곡을 만들 만큼 매우 왕성하게 활동했습니다. 교향곡 중에서는 〈미완성〉이라 불리는 교향곡 제8번, 〈그레이트〉라고 불리는 제9번(각각 제7번과 제8번이라고도 합니다)이, 실내악곡에서는 현악 4중주곡 제14번 〈죽음과 소녀〉, 현악 5중주곡 〈송어〉 등이 유명합니다.

✦ 형식보다 감정을 중시한 문학청년 슈만(1810~1856)

슈베르트보다 열세 살 어린 슈만은 멘델스존과 함께 슈베르트의 뒤를 잇는 낭만파 2세대에 해당하는 작곡가입니다.

아버지 어거스트가 서점과 출판사를 운영하면서 어릴 때부터 문학과 가까이 지냈던 슈만은 직접 시나 희곡을 쓰기도 했지요. 처음에 슈만은 피아니스트를 목표로 했지만 손가락을 다치는 바람에 마음을 접고, 작곡과 음악 평론 분야에서 활약했습니다.

이처럼 예술가적 기질을 지녔던 문학청년답게 슈만은 '형식'보다는 '감정'에 충실한 작품을 많이 작곡했습니다. 섬세하고 비밀스러우면서도 조용한 분위기의 곡도 있지만, 단숨에 감정을 분출해 버리는 격정적인 곡도 있어서 곡마다 색깔이 다른 것이 슈만의 매력입니다.

슈만에게 음악의 원동력은 사랑이었습니다. 열여덟 살 때 한 피아노 선생님의 제자로 들어간 슈만은 당시 아홉 살이었던 스승의 딸 클라라에게 사랑을 느낍니다. 천재적인 피아니스트였던 클라라도 점점 슈만에게 끌리지만 피아노 교사였던 아버지의 반대로 소송까지 벌이고 나서야 둘은 결혼을 합니다. 슈만이 서른 살, 클라라가 스물한 살 때였지요. 이 시기가 피아노 작품을 중심으로 슈만의 초기 명작이 탄생한 때입니다.

슈만의 작품은 크게 피아노 작품을 중심으로 한 초기, 1840년 소위 '가곡의 해'라 불리는 시기, 관현악곡과 실내악곡이 중심이 된 후기, 이렇게 세 시대로 나눌 수 있습니다.

초기 피아노곡의 대표작은 〈사육제〉, '가곡의 해'를 대표하는 작품이 〈시인의 사랑〉, 후기 관현악곡을 대표하는 작품이 교향곡 제3번 〈라인〉입니다. 〈라인〉은 통일에 매진했던 독일이 국가사업으로 건축한 쾰른 대성당에서 영감을 받았다고 전해집니다.

수많은 명작을 남긴 슈만은 안타깝게도 말년에 정신장애를 앓으면서(매독의 영향이라는 말도 있습니다), 라인강에 몸을 던져 자살을 시도했고 환각에 시달리다 세상을 떠납니다.

슈만의 대표곡

〈사육제〉 (1833~1835)

슈만의 초기 명작(작품 번호 9)인 〈사육제〉는 예전에 그가 사랑했던 상대(아내 클라라가 아닌)의 출신지였던 '아슈'를 알파벳으로 나타낸 'A·S·C·H(라, 미♭, 도, 시)'라는 음의 나열을 뼈대로 만든 곡입니다. 참으로 문학청년다운 (어찌 보면 조금 광기가 느껴지는) 작곡 방법이 아닐 수 없지요. 〈사육제〉에는 카니발이라는 제목처럼 다양한 인물과 정경이 음악으로 묘사되는데, 그 인물들 중에는 쇼팽이나 파가니니, 그리고 훗날 아내가 되는 클라라도 있습니다.

슈만의 대표곡

교향곡 제1번 〈봄〉 (1841)

슈만에게 가장 중요한 존재는 아내 클라라 슈만이었습니다. 1840년 마침내 결혼을 했다는 환희 속에서 슈만은 이듬해까지 수많은 작품을 만듭니다. 이 시기에 작곡된 곡 중 하나가 교향곡 제1번 〈봄〉입니다. 전편에 걸쳐 밝고 유쾌한 분위기가 넘쳐흐르는, 실로 봄의 이미지와 잘 어울리는 곡이지요. 기쁨이 폭발하는 듯한 1악장의 전개는 듣는 이의 마음까지도 설레게 합니다.

극부수음악 〈한여름 밤의 꿈〉 중 서곡 (1826)

'어린 천재'라 불렸던 멘델스존이 열일곱 살에 작곡한 초기 대표작입니다. '결혼행진곡'으로 유명한 〈한여름 밤의 꿈〉은 멘델스존이 서른넷에 만든 극부수음악으로, 이 서곡을 만들고 17년 뒤에 '본편'을 작곡했지요. 〈한여름 밤의 꿈〉 중 서곡은 열일곱 살에 만들었다고는 믿기지 않을 만큼 완성도가 높습니다. 신비롭게 시작하는 서두와 요정이 뛰노는 듯한 경쾌함이 이미 다른 작곡가와는 비교 불가능한 멘델스존만의 독특한 개성이 발휘되어 있습니다.

교향곡 제4번 〈이탈리아〉 (1831~1833)

멘델스존은 스무 살 때 영국, 오스트리아, 이탈리아, 스위스, 프랑스를 돌며 연주 여행을 다녔습니다. 이 여행을 통해 유럽 각지에서 받은 인상이 이후 작품의 기반을 형성했지요. 교향곡 제4번 〈이탈리아〉는 눈부시게 내리쬐는 햇빛의 이미지와 절도 있으면서도 유쾌한 선율이 어우러져, 멘델스존 특유의 '기분 좋은 선율과 리듬'을 제대로 느낄 수 있는 곡입니다.

✦ 기분이 좋아지는 곡을 다수 작곡한 조숙한 천재 멘델스존

(1809~1847)

모차르트나 슈베르트도 어릴 때부터 음악 활동을 한 것으로 유명하지만 멘델스존도 이에 지지 않을 만큼 일찍 음악을 시작한 인물로 소위 '신동'이라 불렸습니다. 열일곱 살에 작곡한 〈한여름 밤의 꿈〉의 서곡은 지금도 여전히 명곡으로 인정받으며 수많은 오케스트라가 연주하고 있지요.

멘델스존의 곡은 명쾌하고 듣기 쉬워서(기분이 좋아지는 곡이란 말이 아주 잘 어울립니다) 마치 눈앞에 음악 속 풍경이 펼쳐지는 듯한 곡이 많습니다. 〈바이올린 협주곡〉, 극부수음악 〈한여름 밤의 꿈〉 중 '결혼행진곡', 교향곡 제3번 〈스코틀랜드〉, 교향곡 제4번 〈이탈리아〉, 연주회용 서곡 〈핑갈의 동굴〉 등이 대표곡입니다.

멘델스존의 가문은 원래 유대교 집안이었는데 그의 아버지가 프로테스탄트로 개종을 하면서 비판을 많이 받았습니다. 그래서 멘델스존 사후에 나치 독일에서는 그의 작품을 상연하지 못하도록 금지시키기도 했지요.

오스트리아에서 벗어나고자 했던 이탈리아

✦ 오스트리아의 지배를 받은 이탈리아

독일과 마찬가지로 이탈리아도 중세 때부터 줄곧 작은 국가로 분할된 통일감 없는 지역이었습니다. 나폴레옹 전쟁 때 이탈리아는 잠시 나폴레옹의 지배를 받기도 했지요.

이후 이탈리아에 강력한 영향을 미친 나라가 오스트리아입니다. 옛날부터 '신성 로마 제국'의 황제를 배출했던 오스트리아는 이탈리아에 끊임없는 영향력을 행사하며, 5장에서도 언급했듯이 나폴레옹 전쟁 이전에도 밀라노는 오스트리아의 통제 속에 있었지요. 이후 빈 회의에서 베네치아와 같은 북동부까지 오스트리아 손에 넘어가면서 이탈리아에 대한 오스트리아의 지배력은 더욱 커졌습니다.

나아가 오스트리아는 이탈리아 중부 도시에도 군대를 주둔시키며 이탈리아 전체를 손아귀에 넣으려고 했습니다(이탈리아 남부의 왕도 오스트리아와 깊은 혈연관계를 맺고 있었지요). 19세기 이탈리아는 한마디로 오스트리아에 지배당하고 있었던 셈입니다. 물론 이탈리아 민중도 프랑스와 독일처럼 자유와 평등, 오스트리아로부터의 해방을 요구하며 폭동과 봉기를 일으켰지만, 강력한 오스트리아군에게 무력화되기 일쑤였습니다.

19세기 이탈리아와 오스트리아를 소재로 한 곡

요한 슈트라우스 1세 〈라데츠키 행진곡〉 (1848)

오스트리아에 지배당했던 19세기 전반 이탈리아의 상황을 오스트리아 입장에서 그린 곡입니다. 오스트리아의 명장 라데츠키는 이탈리아인들의 독립운동을 저지하기 위해 연일 전투를 벌였는데, 이 라데츠키 장군이 즐겨했던 곡이 〈라데츠키 행진곡〉이지요. 이 곡은 지금도 오스트리아를 상징하는 음악으로 자주 사용됩니다.

✦ 쾌활한 오페라를 많이 작곡한 로시니(1792~1868)

초기 낭만파 중 이탈리아 오페라 작곡가 하면 로시니를 꼽습니다. 로시니가 활약한 시대는 독일의 낭만파 1세대가 활동한 시기와도 일치하지요.

로시니가 남긴 곡에는 〈세비야의 이발사〉, 〈알제리의 이탈리아 여인〉, 〈윌리엄 텔〉, 〈비단 사다리〉 등 서곡만이라도 좋으니 꼭 한번은 들어야 하는 명작들이 다수 있습니다. 생기발랄하면서도 들뜬 마음을 표현하는 데 능숙한 로시니는 쾌활한 분위기를 이어가면서 점점 소리를 키우는 긴 호흡의 크레셴도(소위 '로시니의 크레셴도')를 자주 쓰는 것으로도 유명합니다.

로시니는 이탈리아 볼로냐, 베네치아, 피렌체, 나폴리, 프랑스 파리 등 수많은 극장에서 초대받아 오페라를 작곡했습니다. 특히 파리에서 대환영을 받았지요. 프랑스 국왕 샤를 10세의 즉위 기념곡을 만들고 국왕에게 '프랑스 국왕의 제1작곡가'라는 칭호와 후한 연금을 받기도 했습니다.

로시니가 살았던 당시의 이탈리아는 북부를 오스트리아에 내주었기 때문에 이탈리아 국민은 대체적으로 오스트리아에 반감이 있었습니다. 로시니도 오스트리아의 합스부르크가에서 스위스를 독립시키고자 했던 윌리엄 텔을 오페라의 소재로 쓰고, 오페라 〈알제리의 이탈리아 여인〉에서는 알제리 장관의 노예가 된 이탈리아인들의 해방에 관한 이야기를 담는 등 곡의 곳곳에서 이탈리아의 독립을 염원하는 애국심을 심었지요. 독립을 바라는 찬가를 써서 오스트리아 경찰에게 의심을 사기도 했습니다.

로시니는 서른일곱 살 때 〈윌리엄 텔〉을 쓴 후로 남은 39년 동안 오페라는 한 곡도 쓰지 않아서 은퇴한 것과 다름없었습니다. 말년에는 프랑스에서 주는 연금을 받으며 비교적 여유로운 삶을 보냈지요. 미식가로도 잘 알려져 소 안심에 푸아그라와 송로버섯을 곁들인 이른바 '로시니식 스테이크'라는 명칭을 남긴 것으로도 유명합니다.

로시니의 대표곡

오페라 〈세비야의 이발사〉 중 서곡 (1816)

18세기 프랑스 극작가 보마르셰가 쓴 희극 '피가로 3부작' 중 첫 번째 작품 『세비야의 이발사』를 소재로 로시니가 만든 오페라의 서곡입니다(두 번째 작품 『피가로의 결혼』은 1786년에 모차르트가 곡으로 만든 바 있습니다). 부담 없이 들을 수 있는 유명한 서곡과 흥이 넘치는 아리아가 있어서 희극 중에 희극으로 손꼽힙니다. 오페라 입문자가 듣기에도 좋습니다.

강력한 영향력의 영국과 러시아, 독립을 원했던 민족과 지역들

✦ 19세기 전반의 영국과 러시아

영국에게 19세기 전반은 '대영제국'이라 불리는 전성기가 시작되는 시대입니다. 19세기 초 나폴레옹 전쟁 시기에는 '대프랑스 동맹'의 중심이 되어 프랑스군의 상륙을 저지하고, 빈 회의에서는 남아프리카와 스리랑카 등지를 차지했지요. 또한 아일랜드를 병합하고 이전부터 세력권 내에 있었던 인도와 버마*에 대한 지배도 순조롭게 진행하고 있었습니다. 외교적으로도 압도적인 해군력을 바탕으로 어느 나라와도 동맹을 맺지 않는 '영광스러운 고립' 정책을 펼쳤지요.

다른 유럽 제국에서 골머리를 앓고 있었던 자유와 평등을 향한 민중 운동에 대해서도 단계적으로 자유와 권리를 열어주면서 폭동과 봉기를 회피하고 넘기는 (노동환경은 여전히 열악했고, 노동자의 불만은 쌓여갔지만) 등 비교적 안정적으로 대처했습니다.

19세기 전반 러시아는 나폴레옹을 격파시킨 '최고의 주역'으로서 유럽에서 막강한 영향력을 지녔고, 왕정을 유지하는 제국의 맹주와 같은 지위를 얻습니다.

---

* 미얀마의 옛 이름 - 옮긴이

19세기 초에는 핀란드를 차지하고 빈 회의에서는 러시아 황제가 폴란드 왕을 겸임하는 형태로 폴란드도 통치했지요.

이 시기 러시아 국내는 군을 쥐락펴락하는 황제의 막강한 권력과 엄격한 관료 조직이 통치했으며, 자유와 권리를 요구하는 움직임에 대해서는 무차별적인 탄압이 이루어졌습니다.

또한 러시아의 특징적인 움직임으로는 따뜻한 바다로 나가는 출구를 얻기 위해 지중해 방면으로 남하 정책을 펼친 일을 들 수 있습니다. 러시아 입장에서는 지중해의 출구, 발칸 반도를 막고 있는 오스만 제국이 눈엣가시였는데, 이에 내정에 간섭하고 분쟁에 개입하면서 오스만 제국을 자꾸 들쑤셔 놓았지요.

✧ 지배를 받고 있던 핀란드, 폴란드, 헝가리, 체코

이 시기 큰 나라에 지배를 받고 있던 민족들에 대해서도 살펴보겠습니다. 이러한 지역에서는 유럽에 퍼진 자유와 평등 이념에 영향을 받아 자민족의 독립을 부르짖는 운동이 시작되었고 이는 대규모의 사회 운동으로 확산되었습니다.

이처럼 지배를 받던 지역과 민족의 대표로는 러시아가 통치하고 있던 **폴란드**와 **핀란드**, 오스트리아가 차지했던 **헝가리**와 **체코** 등이 있습니다. 특히 폴란드와 헝가리에서는 민족운동이 격화되어, 러시아와 오스트리아군이 진압하는 경우가 비일비재했지요.

또 이탈리아는 북부를 오스트리아가 지배했던 만큼 오스트리아의 영향이 매우 강했습니다. 오스트리아는 여러 민족이 한데 섞인 다민족 국가였는데 헝가리나 이탈리아인 외에도 슬로바키아인, 루마니아인, 세르비아인, 이슬람교도 등이 지배를 받고 있었지요. 이러한 사람들의 민족 독립에 대한 뜨거운 열망도 이 시대의 음악을 만들어내는 원동력이 되었습니다.

✦ 조국 폴란드에 대한 열정을 담은 피아노의 시인 쇼팽

(1810~1849)

'피아노의 시인'이라 불렸던 쇼팽은 폴란드에서 태어나 프랑스 파리에서 활약한 작곡가입니다. 작품의 대부분이 피아노 독주곡인데 이는 쇼팽이 공개 연주회에 나오기를 꺼려하고, 사교계의 살롱을 중심으로 자작 피아노곡을 선보였기 때문입니다.

그는 소나타, 야상곡, 담시곡, 전주곡, 연습곡, 즉흥곡 등 다양한 양식의 피아노곡을 만들었지만 '마주르카'*나 '폴로네즈'**와 같은 조국 폴란드에서 전해 내려오는 무곡도 많이 작곡했습니다.

쇼팽이 살던 시기 폴란드는 나폴레옹 전쟁 후 열린 빈 회의에서 러시아의 지배를 받게 되었습니다. 이에 폴란드인들은 러시아에서 독립하기 위해 민족운동을 전개하고 여러 차례 무장봉기를 일으켰지요. 애국자로 알려진 쇼팽은 파리에서 폴란드인의 봉기와 진압 소식을 들을 때마다 분한 기분을 억누를 수 없었습니다(폴란드로 가서 직접 봉기에 참여하지 못했던 이유는 건강이 좋지 않았다는 설과, 러시아의 감시를 피하기 위해 프랑스 이름과 여권을 갖고 있었기 때문이라는 설이 있습니다).

---

* 3박자 리듬의 폴란드 국민 무용곡. - 옮긴이
** 느린 템포의 폴란드 전통 가곡 혹은 무용곡. - 옮긴이

쇼팽의 대표곡

연습곡 작품 10-12 〈혁명〉 (1831경)

쇼팽의 '연습곡'은 연습을 위한 곡인 동시에 높은 예술성을 자랑합니다. 〈혁명〉이라는 통칭을 지닌 이 곡은 쇼팽이 연주 여행을 위해 파리로 가던 중, 폴란드에서 일어난 11월 봉기가 실패하고 바르샤바가 함락되었다는 소식을 듣고는 둘 곳 없는 격정적인 마음을 담아 만들었다고 전해집니다. 실제 음악과 11월 봉기와는 큰 연관성이 없지만 많은 이들이 이 곡과 폴란드의 운명을 연결 지어 생각했다고 합니다.

쇼팽의 대표곡

폴로네즈 제6번 〈영웅〉 (1842)

마주르카와 함께 쇼팽이 폴란드인으로서 자주 연주한 곡이 폴로네즈입니다. 폴로네즈란 프랑스어로 '폴란드풍'이라는 말로, 8분음표와 16분음표 두 개로 구성되는 '쿵짝짝' 리듬을 갖는 것이 특징이지요. 〈영웅〉은 쇼팽의 최고 걸작이라 평가받는 곡으로 긴 전주 후에 등장하는 발랄한 멜로디가 한번 들으면 잊지 못할 만큼 강렬합니다.

쇼팽이 만든 피아노곡은 모두 250곡 정도라고 합니다(저마다 세는 방식이 달라서 대략적인 숫자입니다). 이 중 마주르카는 58곡, 폴로네즈는 16곡, 그 외 〈폴란드 민요에 의한 대 환상곡〉 등 폴란드와 연관된 곡이 70곡 이상이나 있습니다. 전 작품의 4분의 1 정도가 폴란드와 관계된 곡인 만큼 조국에 대한 그의 마음은 진심이었던 것으로 보입니다.

제 8 장

낭만파 음악 ②
(19세기 후반)

근대 국가의 출현과
대중문화의 발전

✦ 역사 훑어보기

7장에서 언급한 1848년 프랑스 2월 혁명과 '국민국가들의 봄'이라 불리는 혁명으로 왕과 귀족이 나라를 일방적으로 지배하던 시대는 종언을 고하고, 국민이 정치에 참가하는 (처음에는 부유층과 남성만 참여할 수 있었지만) 새로운 형태의 근대 국가가 출현했습니다. 이와 함께 문화의 소비층이 시민으로 옮겨가면서 문화의 '대중화'가 진행되었지요.

국가별로 살펴보면 산업혁명을 제일 빨리 달성했던 영국과 프랑스는 해외시장을 개척하기 위해 식민지 획득 경쟁에 돌입합니다. **빅토리아 여왕** 밑으로 2대 정당제가 확립된 영국은 인도를 직접 지배하고 수에즈 운하를 매수하는 등 식민지 정책을 펼치며 대영제국의 번영을 세계에 알렸습니다. 프랑스는 황제가 된 **나폴레옹 3세**가 적극적인 해외 진출을 모색하며 베트남과 아프리카 서부 영역을 차지했습니다. 런던과 파리에서 열린 만국박람회는 전 세계에 자신들의 국력을 자랑하는 기회가 되었지요.

많은 소국가로 나누어져 있던 독일은 정치 수완이 탁월했던 프로이센의 **비스마르크**의 주도 아래 통일을 이루고 드디어 독일 제국이 탄생합니다. 통일에 참여하지 않았던 오스트리아는 헝가리에 자치권을 주고 다민족국가로서 나라를 재구축합니다. 마찬가지로 많은 소국가로 나뉘어 있던 이탈리아는 북부를 지배했던 오스트리아와 전쟁을 벌이고 통일로 가는 커다란 움직임이 시작됩니다. 그리고 결국 이탈리아가 통일을 이루어내면서 이탈리아 왕국이 성립되지요.

러시아는 본격적인 남하정책을 펼치며 오스만 제국과 대규모 전쟁을 벌입니다. 하지만 크림 전쟁에서는 전쟁에 개입했던 영국과 프랑스에 저지당하고, 러시아-튀르크 전쟁 후에는 비스마르크에게 저지당하며 남하 정책은 진척을 보이지 못했습니다.

미국은 역사상 최대의 위기라고 할 수 있는 남북전쟁을 극복하고 근대국가로서 급성장합니다. 미국이 눈부신 경제발전을 이룩하자 많은 이민자가 모여들기 시작했지요.

✦ 음악 훑어보기

19세기 후반의 사회 변화는 음악에도 커다란 영향을 미쳤습니다. 근대화와 함께 자본가 계급과 시민 계급이 성장하자 음악의 소비층은 대중이 되었고, 이로 인해 대중을 대상으로 한 심금을 울리면서도 듣기 좋은 소리를 내는 대규모 곡이 유행하기 시작했지요.

오페라 분야에서는 독일과 이탈리아가 본거지였던 중후한 스타일의 오페라에, 파리에서 '오페레타'라고 불리는 새로운 흐름이 더해졌습니다. 희가극이라고도 불리는 오페레타는 오페라보다 밝고 가벼운 분위기로 대중성을 중심에 둔 음악극을 말합니다. 프랑스 작곡가 오펜바흐가 〈천국과 지옥〉을 발표해서 대성공을 거둔 이래 오페레타는 유럽 각지로 퍼져나갔지요. 빈에서는 오페레타가 크게 유행하며 빈 오페레타의 시대를 맞이합니다.

또한 식민지가 확대되면서 아시아에 관한 정보가 유럽에 전해지자 일종에 아시아 붐이 일어납니다. 아시아풍 선율과 리듬을 차용한 곡도 많이 작곡되었습니다.

✦ 3세대 낭만파와 각지에서 활약한 작곡가들

19세기 후반 작곡가를 크게 둘로 나누면 낭만파 1세대와 2세대를 잇는 '3세대' 작곡가들과, 유럽 각지에서 탄생한 '북유럽, 동유럽, 러시아의 낭만파', 즉 '각 지역의 낭만파' 작곡가들이 있습니다.

3세대 작곡가들은 19세기 전반에 태어나 19세기 후반에 주요 작품을 발표하고 제1차 세계대전이 일어나기 전까지 활동한 세대입니다. 태어났을 때 이미 낭만파 1세대가 활발하게 활동하던 시기여서 이 세대의 작곡가는 그야말로 낭만파에 푹 빠져 있던 '네이티브 낭만파'라고 할 수 있지요. 기존 낭만파의 방향성을 그대로 가져가면서 이전보다 규모도 커지고 감정을 표현하는 폭도 더 넓어졌습니다.

19세기 전반과 마찬가지로 음악의 중심지는 빈을 본고장으로 하는 독일어권이지만, 유럽 각지로 작곡 기법이 퍼져나가면서 동유럽과 러시아를 필두로 한 각 나라의 음악도 발전했습니다. 이러한 환경에서 활약한 이들이 '각 지역의 낭만파' 작곡가들이지요. 이들의 음악은 낭만파 음악에 각지의 민족 음악이 더해지고 내셔널리즘적 경향을 띠면서 종종 민족의식을 고양시키는 매개체로 쓰였습니다. 그래서 이 시기에 북유럽과 동유럽, 러시아 등지에서 활약한 작곡가들을 보통 '국민악파'라고 부르지요. 하지

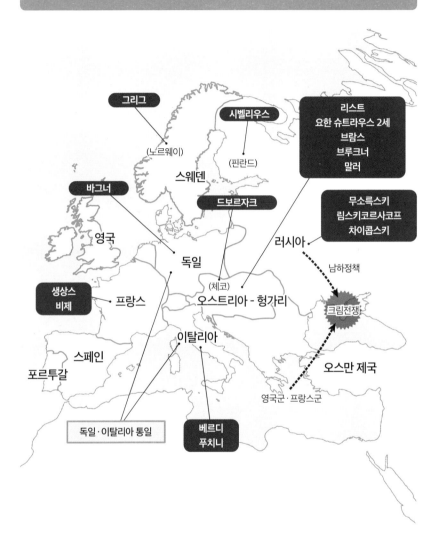

낭만파 음악의 무대
(19세기 후반의 유럽)

그리그

(노르웨이)

시벨리우스

(핀란드)

스웨덴

리스트
요한 슈트라우스 2세
브람스
브루크너
말러

바그너

드보르자크

무소륵스키
림스키코르사코프
차이콥스키

영국

독일

러시아

남하정책

생상스
비제

프랑스

(체코)

오스트리아 - 헝가리

크림전쟁

스페인

이탈리아

포르투갈

오스만 제국

영국군·프랑스군

독일·이탈리아 통일

베르디
푸치니

만 차이콥스키는 국민악파라기보다는 낭만파로 분류될 때가 많아서 이
책에서는 국민악파라는 용어보다는 '각 지역의 낭만파'라고 부르고자 합
니다.

빅토리아 여왕과 함께
황금기를 맞이한 영국

✦ 빅토리아 여왕의 시대

19세기 후반 영국은 <u>빅토리아 여왕</u>이 재위하던 시기로 '빅토리아 시대'로 불리는 황금기입니다. 1851년에 열린 런던 만국 박람회는 '세계의 공장'이라 불리던 영국의 공업력과 기술력을 전 세계에 각인시키는 이벤트가 되었지요.

이 시대 영국은 압도적인 경제력과 해군력을 바탕으로 여러 나라에 공업제품을 판매하는 무역 정책을 추진했습니다. 자유당과 보수당이라는 2대 정당의 정치체제도 안정적으로 자리 잡았고, 선거권을 공업·농업 노동자로 서서히 확대하면서 사회 각층에 자유와 권리를 보장해 주었지요.

또한 <u>아편 전쟁</u>과 <u>크림 전쟁</u>, 애로호 전쟁 등에서 승리하며 전 세계에 막강한 영향력을 떨쳤습니다. 보수당이 집권한 1875년에는 <u>수에즈 운하의 주식을 매수</u>하고, 1877년에는 빅토리아 여왕을 황제로 해 영국이 인도를 직접 통치하는 <u>인도 제국</u>이 성립됩니다. 자유당이 집권한 1882년에는 이집트를 보호국으로 삼고 남아프리카의 식민지를 확대했지요. 여기에 뉴질랜드, 버마, 말레이시아 등의 영토도 차지하며 이 시기 영국은 '해가 지지 않는 나라'로 불렸습니다.

나폴레옹 3세의 제정을 거쳐 또다시 공화정으로 돌아온 프랑스

✦ 제2공화정에서 제2제정으로

1848년 2월 혁명으로 왕정이 붕괴된 프랑스는 다시 왕이 없는 공화정 체제로 돌아옵니다. 이를 **제2공화정**이라고 부르지요.

제2공화정 시대는 농민과 노동자 두 계층이 대립한 시기였습니다. 가장 빈곤했던 노동자 계층은 토지와 공장을 나라가 소유하고 생산물을 평등하게 분배하는 사회주의 정책을 옹호한 반면, 농민들은 적게나마 자신의 땅이 있었기에 토지의 국유화를 강력하게 반대했습니다. 이 대립은 점차 격화되었고, 두 계층은 인구의 대부분을 차지했으므로 사회 불안은 가중되었습니다.

이러한 상황 속에서 사람들은 루이 나폴레옹이라는 인물이 문제를 해결해 주리라 기대합니다. 루이 나폴레옹은 이름에서 알 수 있듯이 나폴레옹의 일족으로 나폴레옹의 조카입니다. 1852년 루이 나폴레옹은 민중의 지지를 받아 황제에 오르고 **나폴레옹 3세**라는 이름을 얻습니다.

✦ 전쟁으로 명성을 유지하고자 한 나폴레옹 3세

나폴레옹 3세 때의 프랑스는 '**제2제정**' 시대라고 불립니다. 나폴레옹 3세는 사회 불안을 해소하기 위해 갖가지 공공사업을 추진하고 대외 전쟁을 일으켜 자신의 인기를 유지하고자 했으며, 각종 계층의 불만을 다른 곳으로 돌리기 위해 힘썼습니다. 특히 공공사업을 활성화해 철도와 도로를 건설하는 동시에 파리의 거리를 새롭게 고쳐나갔습니다. 지금까지도 남아 있는 파리의 아름다운 거리가 이때 조성된 것이지요. 이러한 사업을 통해 노동자들에게는 일할 수 있는 장소를 제공해 주고, 농민들에게는 토지의 소유권을 보장해 주었습니다.

나폴레옹 3세가 실시한 정책의 또 다른 큰 축은 해외에서 전쟁을 일으키고 식민지를 확대하는 것이었습니다. 국내의 여러 불만을 대외 전쟁의 승리로 잠재우려는 목적이었지요(올림픽이나 큰 운동 경기가 열리면 정치적인 문제는 제쳐 두고 국기를 치켜들고 자국 선수를 응원하는 것과 같습니다).

처음에는 나폴레옹 3세의 뜻대로 크림 전쟁, 애로호 전쟁, 인도차이나 출병 등에서 성공을 거두지만, 멕시코에 대규모 군사를 보냈다가 실패한 뒤로 그의 위신은 크게 떨어졌습니다. 1870년에는 자존심을 회복하기 위해 프로이센과 전쟁을 벌였지만 참패하고 나폴레옹 자신도 포로로 끌려가 제2제정은 무너지고 맙니다.

제2제정이 끝나고 프랑스에서는 제3공화정이 성립됩니다. 이후 프랑스는 지금의 제5공화정에 이를 때까지 왕이나 황제를 두지 않았고 공화정 체제의 국가로서 존속합니다. 제3공화정 시기에도 프랑스는 적극적으로 해외 진출을 모색하며 튀니지, 서아프리카, 인도차이나 등을 식민지로 삼았습니다.

생상스의 대표곡

교향곡 제3번 '오르간' (1886)

이 곡은 '오르간'이라는 부제가 보여주듯이 파이프 오르간이 사용된 교향곡입니다. 단순히 사용한 정도가 아니라 2악장 후반에는 오르간이 전면에 등장하고 울려 퍼지며 곡의 주역이 될 정도로 인상적으로 쓰였지요. 1악장 후반에서도 파이프 오르간이 매우 아름다운 하모니를 만듭니다. 모든 부분이 다 듣기 좋고 질리지 않는 매력적인 곡이지요.

생상스의 대표곡

조곡 〈동물의 사육제〉 중 '백조' (1886)

제목에 '동물'이 들어가듯이 이 조곡은 악장마다 '암탉과 수탉, 거북이, 코끼리, 캥거루' 등의 부제가 붙으며 다양한 동물이 음악으로 표현됩니다. 중간에는 '화석'이나 '피아니스트'처럼 다소 의아한 소재도 나오지만 다른 작곡가의 곡을 패러디한 부분도 있어서 유머가 넘치는 곡으로 받아들일 수 있지요. 첼로 독주가 나오는 '백조'는 그중에서도 가장 유명하고 아름다운 곡입니다.

✦ 피아노와 오르간 연주자로도 유명했던 생상스(1835~1921)

프랑스 작곡가 생상스는 어릴 때부터 '프랑스의 모차르트'라 불리는 재능을 발휘하며 열세 살에는 파리음악원에 입학하고, 이듬해에는 일찌감치 오르간으로 1등 상을 받았습니다. 이 무렵부터 작곡 활동을 시작해 방대한 곡을 남겼지요. 대표곡으로는 오르간 연주로 유명한 교향곡 제3번, 실로폰이 등장하는 교향곡 〈죽음의 무도〉, 그리고 조곡 〈동물의 사육제〉 등이 있습니다.

특히 교향곡 제3번은 크게 울려 퍼지는 파이프 오르간 연주가 매우 인상적인 곡입니다. 피아노도 효과적으로 쓰여서 피아노 연주자이자 오르간 연주자로 유명했던 생상스가 아니고서는 만들 수 없는 곡이지요. 또한 〈동물의 사육제〉는 다양한 동물의 모습이 코믹하게 표현된 조곡입니다. 그중에서도 '백조'는 첼로의 독주가 펼쳐지는 매우 유명한 곡으로, 첼로 연주하면 빠질 수 없는 곡으로 자리 잡았습니다.

✦ 명곡을 남겼지만 생전에는 저평가되었던 비제(1838~1875)

프랑스 작곡가 비제는 생상스와 마찬가지로 어릴 때부터 재능을 발휘하며 아홉 살에 파리음악원에 입학했습니다. 주변에서는 피아니스트가 되길 바랐지만 본인은 오페라 작곡가를 꿈꾸었지요.

하지만 오페라 작곡가로서의 비제는 그다지 주목을 받지 못했고, 30곡 이상을 썼지만 〈카르멘〉 외에는 크게 알려진 곡이 없었습니다. 극부수음악 〈아를의 여인〉과 앞서 말한 〈카르멘〉은 지금도 명곡 중에 명곡으로 인정받지만 초반에는 그다지 인기를 끌지 못했지요. 교향곡도 생전에는 한 번도

비제의 대표곡

극부수음악 〈아를의 여인〉 중 '파랑돌' (1872)

'아를의 여인'을 사랑한 남자가 여인이 다른 남자와 도망쳤다는 소식을 듣고 질투에 미쳐 자살한다는 비극적인 스토리에 비제가 음악을 붙인 곡입니다. 요즘에는 조곡의 형태로 듣는 경우가 많습니다. 프랑스 남부 농촌을 배경으로 한 만큼 분위기가 한가롭고 밝은 곡이 많은데 정작 이야기 자체는 매우 비극적이지요. 그중에서도 가장 유명한 '파랑돌'* 장면은 축제가 한창인 떠들썩한 분위기 속에서 주인공이 높은 창에서 몸을 던짐으로써 밝음과 어둠이 극명하게 대비되는 인상 깊은 대목입니다.

* 프랑스 프로방스 지방에서 예부터 내려온 민속 무곡과 춤. - 옮긴이

비제의 대표곡

오페라 〈카르멘〉 중 '투우사의 노래' (1873~1874)

〈카르멘〉은 '1막의 전주곡, 하바네라, 집시의 노래, 투우사의 노래' 등 명곡이 다 모여 있는 오페라지만, 초반에는 좋은 평가를 받지 못했습니다. 하지만 비제가 세상을 떠난 직후 그의 친구가 개작해 재연한 뒤로 호평을 받으며 이후 오페라의 단골 곡이 되었지요. 성악이 포함된 오페라뿐 아니라 오케스트라만으로 이루어진 조곡도 만들어지며 자주 연주되고 있습니다. 그중 가장 유명한 '투우사의 노래'는 듣기만 해도 스페인 투우사의 세계 속으로 빨려 들어가는 것 같지요.

연주되지 못하다가, 그만 서른여섯에 짧은 생을 마감하고 맙니다.

〈아를의 여인〉에서는 질투에 미친 주인공이 몸을 던져 자살하고, 〈카르멘〉에서는 사랑에 눈이 먼 전 애인에게 주인공이 살해당하는데, 이와 같은 질투와 격정적인 사랑이 얽힌 줄거리가 이후 '베리스모 오페라'의 유행으로 이어집니다.

명수상 비스마르크의 등장과
독일의 통일

✦ 프로이센을 중심으로 통일을 완성한 독일

이 시기 독일로 시선을 옮기면 이전까지 소국가들의 연합체였던 독일에 드디어 통일의 시대가 찾아옵니다. 독일에는 프로이센과 오스트리아 두 대국이 있었는데 통일의 중심이 된 나라는 프로이센이지요. 오스트리아도 '독일 민족'의 국가지만, 지배지에 살던 헝가리인과 체코인도 포함되어 있어서 독일 민족만의 통일국가 건설에 반대 입장을 표명했습니다.

이에 프로이센은 오스트리아를 제외하고 독일의 통일을 이루고자 하지요. 프로이센의 수상 비스마르크는 '철혈 정책'을 외치며 군비를 증강한 뒤 오스트리아를 도발해 프로이센-오스트리아 전쟁을 일으킵니다. 이 전쟁에서 승리한 프로이센은 통일 운동에서 오스트리아를 제외시킵니다.

이어서 프로이센은 프랑스를 침략해 프로이센-프랑스 전쟁을 일으키는데, 이때 프랑스라는 공통의 적을 마주하자 이제까지 통일에 가담하지 않았던 독일 남부의 나라들도 프로이센 편에 서게 됩니다. 결국 이 전쟁에서 프로이센은 나폴레옹 3세를 포로로 잡고 파리를 포위하는 대승리를 거두지요. 이로써 프로이센을 중심으로 한 독일의 통일은 완성되고 1871년 독일 제국이 탄생합니다.

✦ 이중제국이 된 오스트리아

통일된 독일에서 제외되었던 오스트리아는 동유럽을 지배하는 데 집중합니다. 헝가리에 대대적인 자치권을 넘겨주고 **오스트리아-헝가리 제국**(이중제국)을 세움으로써 지배지에 살고 있는 헝가리인들의 불만을 가라앉히고 지배 지역의 안정화를 도모했지요.

이로써 오스트리아는 중부 유럽에 군림한 제국이라는 이미지가 한층 더 강화되었고, 오스트리아 도시 빈은 중부 유럽 문화의 중심지로서 번영을 이어갔습니다.

19세기 말 빈에서는 지금까지 이어져 왔던 미의식에, 부도덕하고 불건전한 요소가 가미되며 '세기말적' 문화가 꽃피웠습니다.

✦ 고난도 기교로 많은 이들을 매료시킨 '피아노의 마술사' 리스트(1811~1886)

헝가리에서 태어난 작곡가 리스트는 어릴 때부터 피아노 연주 실력이 뛰어나 유럽에서 연주 활동을 벌였습니다. 넓은 회관에 사람을 모은 뒤 독주회라는 형태로 연주를 하며 청중을 열광시켰지요.

쇼팽이 '피아노의 시인'이라면 리스트는 '피아노의 마술사'라고 불릴 정도로 매우 뛰어난 기교를 선보였습니다. 외모도 출중해서 여성들에게는 지금의 아이돌과 같은 인기를 누렸는데, 공연 중에 흥분한 여성 팬이 실신한 적도 있다고 합니다.

쇼팽, 멘델스존, 그리그와 친분이 있던 리스트는 그들이 작곡한 고난도의 곡을 처음 대하고도 거뜬히 연주했습니다. 출중한 실력에 다들 혀를 내

리스트의 대표곡

〈헝가리 광시곡〉 제2번 (1847)

리스트가 작곡한 피아노곡 중 가장 첫 번째로 꼽을 수 있는 곡입니다. 리스트는 두 번에 걸친 헝가리 연주 여행에서 수집한 소재로 열아홉 곡의 헝가리 광시곡을 만들었는데 그중 가장 유명한 곡이 2번입니다. 애수에 젖은 듯 차분한 분위기로 시작해 화려하고 격정적인 무곡으로 이어지는 헝가리 음악의 형식을 띠며, 기술적인 난도가 매우 높은 곡입니다.

리스트의 대표곡

교향시 〈전주곡〉 (1848~1854)

교향시라는 새로운 장르를 개척한 리스트는 모두 열세 곡의 교향시를 남겼습니다. 그중에서 가장 유명한 곡이 19세기에 활약한 프랑스 시인이자 정치가인 라마르틴의 시의 한 구절 '인생은 죽음의 전주곡에 지나지 않는다'를 소재로 한 〈전주곡〉입니다. 행진곡풍의 악구를 듣다 보면 운명에 맞서 싸우며 전진하는 이미지가 떠오릅니다.

둘렀다고 합니다. 이처럼 특별한 기술을 지닌 연주가를 '비르투오소'라고 하는데 리스트 외에도 바이올린 연주가 파가니니가 유명합니다.

리스트는 작곡가로서 오케스트라의 레퍼토리에도 혁신적인 바람을 불고 왔습니다. 바로 '교향시'의 탄생이지요. 리스트가 고안했다고 알려진 이 새로운 음악의 형태는 문학과 시 등의 세계를 하나의 악장으로 이루어진 오케스트라 곡으로 표현하는 것입니다(이후 복수의 악장으로 이루어진 교향시도 등장합니다).

리스트는 헝가리 출신이었던 만큼 〈헝가리 광시곡〉이나 〈헝가리 환상곡〉 등의 곡도 많이 만들었는데, 당시 헝가리는 오스트리아의 지배하에 들어간 지 이미 100년 이상 지난 상황이었습니다. 그동안 헝가리 민족 지도자들의 주도 아래 몇 번의 봉기가 있긴 했지만 큰 성과를 보지는 못했지요. 독일어권에 속한 오스트리아에서 태어난 헝가리인은 어려서부터 독일어를 배워서 독일어로 대화하는 데 어려움이 없었고 독일 문화에도 익숙했지요. 따라서 오스트리아 빈을 중심으로 활약했던 리스트도 헝가리 작곡가라기보다는 독일 음악의 흐름 안에서 파악하는 것이 자연스럽습니다.

✦ 경쾌한 오페레타와 매력적인 서곡을 만든 주페(1819~1895)

빈에서 활약한 대표적인 오페레타 작곡가 하면 주페를 들 수 있습니다. 주페는 프랑스에서 활약했던 오펜바흐의 오페레타(《천국과 지옥》의 '캉캉'이 유명합니다)를 듣고 빈에서 오페레타를 작곡하기 시작했는데 모두 30곡 이상의 오페레타를 남겼습니다. 그래서 '빈 오페레타의 아버지'라고도 불리지요.

그의 오페레타는 곡 전체도 물론 훌륭하지만 서곡만을 따로 빼서 들어

주페의 대표곡

오페레타 〈경기병〉 중 서곡 (1866)

이 곡은 1750년대 독일 남부의 경기병을 소재로 한 오페레타의 서곡입니다. 당시 독일 남부에는 오스트리아, 프로이센, 프랑스 등 대국 간의 싸움 사이에서 어느 편에 서야 할지 몰라 고민하는 작은 나라들이 많았지요. 이 오페레타의 주인공도 그러한 상황 속에서 군대에 들어온 병사였습니다. 서곡만으로도 기병의 경쾌한 행진과 용맹함이 잘 드러나서 듣다 보면 기분이 좋아지는 곡입니다.

도 좋은 곡이 많아서 요즘에도 콘서트에서 자주 연주되고 있습니다. 〈경기병〉, 〈보카치오〉, 〈시인과 농부〉 등이 유명합니다.

✦ 부모의 반대를 무릅쓰고 '왈츠의 왕'이 된 요한 슈트라우스 2세(1825~1899)

빈 외곽 마을에서 태어난 요한 슈트라우스 2세의 아버지는 '왈츠의 아버지'라고 불렸던 유명한 음악가(요한 슈트라우스 1세)입니다. 하지만 아버지에게 음악 교육을 받은 것은 아니었지요. 아버지는 아들이 불안정한 직업인 음악가가 되는 것을 반대하고 은행가가 되길 바라며 공부를 시켰습니다.

하지만 요한 슈트라우스는 음악가가 되고 싶어 했고 그의 어머니는 몰래 아들에게 바이올린과 작곡 공부를 시켜 주었습니다. 그러다 아버지에게 바이올린 켜는 모습을 들켜, 아버지가 바이올린을 부숴 버린 일도 있

왈츠 〈아름답고 푸른 도나우〉 (1867)

'오스트리아의 두 번째 국가'라고 불리는 곡으로 다섯 개의 왈츠(쿵짝짝 3박자의 리듬을 갖는 무곡)가 연결되어 있습니다. 이 곡이 작곡된 시기는 오스트리아가 프로이센-오스트리아 전쟁에서 진 이듬해로 당초에는 '시대의 흐름 따위 신경 쓰지 마라'는 가사로 활발하게 불렸다가, 이후 여러 차례 가사가 바뀌면서 마지막에는 도나우강의 아름다움을 예찬하는 내용으로 정착했다고 합니다.

오페레타 〈박쥐〉 중 서곡 (1874)

요한 슈트라우스의 대표적인 오페레타가 〈박쥐〉입니다. '오페레타의 왕'이라 불릴 정도로 유명한 곡으로 빈 국립 오페라 극장에서는 한 해의 마지막 날 〈박쥐〉를 공연하는 것이 정례화되어 있지요. 대부호 아이젠슈타인을 등장인물들이 속이는 (주인공이 가면을 쓴 자신의 아내에게 구애하는 장면이 가장 충격적이지요) 좌충우돌 스토리입니다. 서곡이 특히 유명해서 오페레타의 핵심은 여기 다 모인 듯 귀가 즐거운 곡입니다.

었지요.

그럼에도 요한 슈트라우스는 아버지의 반대를 무릅쓰고 음악 공부를 계속합니다. 그리고 1844년에 작곡가로 데뷔하고 대성공을 거두면서 아버지를 뛰어넘는 명성을 얻지요.

1848년 빈 3월 혁명 때는 혁명을 선동하는 곡을 썼던 한편, 이후에는 합스부르크가의 황제들에게 바치는 곡을 많이 작곡하기도 했습니다. 늘 작곡 의뢰가 쇄도해서 매우 바쁜 나날을 보냈다고 합니다. 대표작으로는 오페레타 〈박쥐〉, 왈츠 〈아름답고 푸른 도나우〉, 〈황제 왈츠〉 등이 있습니다. 모두 듣기 편안하면서 매력적인 악구로 가득 찬 곡이지요.

✦ 고전파의 전통을 계승해 절대 음악으로 승부한 브람스
(1833~1897)

독일에서 태어나 빈에서 활동한 브람스는 낭만파 음악을 대하는 자세가 다른 작곡가들과는 사뭇 달랐습니다. 낭만파 음악은 문학과 연관되거나 감정을 표현하고 독립을 호소하는 등의 '주제성'을 띠는 것이 특징이어서 주로 제목이 있는 '표제음악'이 많은데, 브람스는 고전파의 전통을 이어받아 '교향곡 제○번', '피아노 4중주곡 제○번'처럼 제목 없이 곡의 구성과 선율미 자체로만 승부하는 '절대 음악'을 주로 작곡했기 때문이지요.

브람스가 작곡한 네 개의 교향곡은 제목이 없는 절대 음악이지만 모두 클래식 음악사를 빛낸 명곡입니다. 실내악곡과 피아노곡도 대부분 '피아노 5중주곡', '현악 6중주곡', '클라리넷 5중주곡', '여덟 개의 피아노 소품'과 같이 제목이 없는데 모두 들어보면 우아하면서도 감흥을 불러일으키

교향곡 제1번 (1855~1876)

베토벤 교향곡 제10번이라고도 불리는 브람스의 교향곡 제1번은 베토벤의 교향곡과 비슷한 구성을 가지며 고전파의 전통을 이어받은 곡입니다. 하지만 낭만파에서만 느낄 수 있는 긴 호흡의, 감성적인 선율도 담겨 있지요. 20년 이상이라는 오랜 시간을 들인 만큼 시작부터 끝까지 한 음도 허투루 쓰지 않아 청중의 귀를 시종일관 붙잡아두는 매력이 있습니다. 4악장에서는 모든 오케스트라 곡 중 제일이라는 유명한 선율이 나옵니다.

클라리넷 5중주곡 (1891)

브람스의 대표곡으로는 네 개의 교향곡과 〈대학축전 서곡〉 등의 오케스트라 곡을 들 수 있지만, 그는 수많은 실내악곡과 피아노곡도 남겼습니다. 그중 대부분이 정해진 제목이 없는 '절대 음악'이었는데 이 '클라리넷 5중주곡'도 그러한 절대 음악에 속하는 실내악곡이지요. 수심에 젖은 듯한 아름다운 서두부터 클라리넷의 매력을 충분히 느낄 수 있습니다. 절대 음악인 만큼 선율과 음색 자체가 지닌 아름다움에 집중할 수 있습니다.

는 명곡입니다. 이러한 면에서 그는 고전파적인 양식 위에 서 있는 낭만파 작곡가라고 할 수 있지요.

대기만성형 작곡가였던 브람스는 마흔셋에 완성한 '교향곡 제1번'을 작곡하기까지 20년 이상의 시간이 걸렸습니다. 고전파의 전통을 이어받은 작풍을 추구했던 그에게는 베토벤을 계승하고 이를 뛰어넘는 명작을 만들려면 그만큼이나 많은 시간이 필요했던 것인지도 모르겠습니다.

✦ 악극을 탄생시킨 혁신적인 음악가 바그너(1813~1883)

독일 작곡가 바그너는 같은 시기에 활약한 브람스가 고전으로 회귀했다고 평가받는 것과는 대조적으로 기존 음악의 양상을 진일보시켰다고 일컬어지는 작곡가입니다(브람스의 보수성과 바그너의 혁신성은 자주 비교되기도 합니다).

바그너는 오페라를 중심으로 작곡 활동을 했는데 그의 오페라는 '악극'으로, 게르만 민족의 신화를 소재로 한 문학적 스토리에 연극, 무용, 미술 등의 요소를 섞은 '종합예술'입니다. 바그너의 곡은 규모가 크기로도 유명한데, 대표작으로 알려진 〈니벨룽의 반지〉는 전부 상연하려면 나흘 저녁에 걸쳐 최소한 14시간이 필요할 정도였지요.

이러한 대작을 연주하기 위해 바그너는 음악의 구조도 새롭게 바꾸었습니다. 기존의 오페라가 '레치타티보'나 '아리아'처럼 상황을 설명하고 가수가 노래를 부르며 단락에 구분을 짓는 구조였던데 반해, 바그너는 1막 동안 음악을 끊지 않으면서도 계속 이야기가 전개되어 가는 방식을 도입했지요(초기 작품은 그렇지 않은 경우도 있습니다).

또 특정 역할이나 설정에는 정해진 멜로디를 붙여서 그 인물과 설정이

악극 〈발퀴레〉 중 '발퀴레의 기행' (1854~1856)

수많은 대작을 작곡한 바그너의 작품 중에서도 〈니벨룽의 반지〉는 가장 거대한 악극으로 이를 온전히 상연하려면 나흘 밤에 걸친 연속 공연이 필요할 정도입니다. 세계를 지배하는 힘을 가진 반지를 둘러싼 영웅과 신들의 이야기로, 전체는 〈라인의 황금〉, 〈발퀴레〉, 〈지크프리트〉, 〈신들의 황혼〉이라는 네 부분으로 이루어져 있지요. '발퀴레의 기행'은 〈발퀴레〉 중 3막의 전주에 사용된 곡으로 여전사의 용맹함이 매우 인상적으로 표현되어 있습니다.

악극 〈뉘른베르크의 명가수〉 중 서곡 (1862~1867)

무게감 있는 〈니벨룽의 반지〉를 작곡하는 데 오랜 시간이 필요했던 바그너는, 이를 작곡하는 틈틈이 뉘른베르크의 명가수들의 노래 대결을 소재로 한 희극을 만들었습니다. 그게 바로 〈뉘른베르크의 명가수〉지요. 노래 대결에서 경쟁자와 애인을 두고 싸우다 결국 우승도 하고 사랑도 얻는다는 줄거리입니다. 노래 대결의 서곡인 만큼 훌륭한 멜로디가 연이어 나오면서 듣는 이의 귀를 사로잡습니다.

등장했음을 알리는 '라이트 모티브'라는 수법도 창안했습니다(영화《스타워즈》OST의 다스 베이더 테마처럼 이 노래가 나오면 다스 베이더가 등장하리라고 예상하는 것과 비슷합니다). 나아가 화음에서도 어지러울 만큼 전조가 되거나, 장조도 단조도 아닌 복잡한 화음을 사용하는 등 혁신적이 시도를 많이 했습니다.

✦ 오르간의 중후한 울림을 교향곡으로 표현한 브루크너 (1824~1896)

브루크너는 오스트리아 제3의 도시 '린츠'의 교외 마을에서 태어났습니다. 그는 파이프 오르간의 명수로 이름이 높았지요. 린츠 대교회의 오르가니스트가 세상을 떠나자 열린 채용 시험장에서 그가 갑작스런 제안에 즉흥연주를 선보였는데, 다들 놀람을 금치 못했고 단번에 그를 대교회의 오르

브루크너의 대표곡

교향곡 제8번 4악장 (1884~1887)

브루크너의 교향곡은 길고 중후한 곡이 많은데 이 '교향곡 제8번'도 연주 시간이 70분에서 80분을 넘기기도 하는 매우 긴 곡입니다. 4악장의 도입부는 금관악기가 연주하는 팡파르풍의 곡으로 매우 인상적인데 브루크너의 장기인 파이프 오르간의 매혹적인 소리도 들을 수 있습니다. 중간중간 평화로운 악구가 등장하고 거기서부터 서서히 음악이 커지면서 장대한 클라이맥스로 나아가는 브루크너만의 매력을 느낄 수 있습니다.

가니스트로 뽑았다는 이야기가 전해집니다. 브루크너는 교회를 무대로 주로 종교음악을 작곡했는데 마흔을 넘기면서부터는 교향곡 작곡에 매진했습니다.

　브루크너의 교향곡은 파이프 오르간처럼 중후한 울림이 이어집니다. 다른 작곡가와는 다른 독보적인 개성이 담겨 있지요. 길이도 길고 가볍게 듣는 곡은 아니라서 입문자에게는 권하기 어렵지만, 오르간이 안내해 주는 길을 따라가다 강력한 클라이맥스에 도달했을 때 느낄 수 있는 성취감은 무엇과도 바꿀 수 없을 만큼 거대합니다.

✦ 탐미적이고 웅대한 곡을 남긴 낭만파 말기의 대표자 말러
(1860~1911)

20세기의 발소리가 점점 가까워지는 19세기 말, 낭만파 음악은 발전을 거듭하다 기존 음악의 상식을 뛰어넘는 '전위적'인 성격을 띠기 시작합니다. 예를 들면, 일부러 화음을 무너뜨려서 청중을 불안하게 만들다가 뒤이어 감동적인 선율을 선사해서 극단적인 '감정의 기복'을 느끼게 했지요. 또 도무지 끝날 기미를 보이지 않고 오히려 더 깊은 곳으로 들어가 듣는 이에게 도취감을 주거나, 짐짓 기이한 분위기의 곡을 만들기도 했습니다.

　이러한 낭만파 말기를 대표하는 작곡가가 빈을 중심으로 활동했던 말러입니다. 말러는 자신의 온갖 생각을 대규모의 오케스트라에 반영해 감동적인 클라이맥스로 이끌어가는 장대한 작풍을 보여주었지요. 그의 교향곡은 1시간을 훌쩍 넘길 때가 많습니다. 전위적인 성격의 곡뿐만 아니라 '교향곡 제5번'의 4악장(아다지에토)처럼 아름다운 곡도 많이 작곡했습니다.

말러의 대표곡

교향곡 제2번 〈부활〉 중 5악장 (1888~1894)

말러의 교향곡은 대규모의 곡이 많은데 그중에는 성악이 등장하는 교향곡도 있습니다. 교향곡 제2번 〈부활〉도 합창단이 동반되는 매우 규모가 큰 곡이지요. 삶에 대해 끊임없이 고민하는 장면을 보여주다가 마지막 악장에서 다 같이 소리 높여 부르는 노래가 전달해 주는 메시지는 참으로 감동적이고 듣는 이의 마음을 뒤흔듭니다. 무대 뒤에 배치되어 저 멀리에서 울리는 악기와, 합창부터 독창에 이르기까지 마치 목소리가 하늘 위로 떠오르는 듯한 표현법 등 다양한 음악적 설정도 눈길을 끕니다.

오스트리아를 물리치고 통일을 달성한 이탈리아

✦ 사르데냐 왕국을 중심으로 통일을 이룩한 이탈리아

소국가로 나뉘어 있던데다 북동부는 오스트리아의 지배하에 있던 이탈리아에서는 19세기 후반 자립과 통일을 위한 운동이 활발하게 일어납니다. 이러한 운동의 중심이 된 곳은 이탈리아 북서부에 있던 **사르데냐 왕국**입니다. 사르데냐 왕국은 수도 토리노를 중심으로 공업화가 이루어지면서 다른 이탈리아 국가들에 비해 국력이 월등히 높았지요.

사르데냐는 크림 전쟁에 참가해서 영국과 프랑스와 함께 싸우며 연대를 꾀했습니다. 이어 프랑스군의 힘을 빌려 오스트리아와 싸워 승리하고 이탈리아의 북동부를 손에 넣었습니다.

이러한 정세를 파악한 이탈리아 중부의 나라들은 사르데냐와 병합하기를 원했고 마다할 이유가 없었던 사르데냐는 중부 이탈리아까지 차지하게 됩니다.

때마침 등장한 군사지도자 가리발디는 '붉은 셔츠단'이라는 의용군을 조직해 남부 이탈리아의 시칠리아와 나폴리를 점령했고, 점령지를 사르데냐 왕에게 헌상합니다. 이렇게 해서 1861년 사르데냐 왕의 통치 아래 이탈리아는 통일을 완성하고 **이탈리아 왕국**이 성립됩니다.

베르디의 대표곡

오페라 〈라 트라비아타〉 중 '축배의 노래' (1853)

〈라 트라비아타〉는 베르디의 대표작 중 하나로(제목의 의미는 '방황하는 여자'로 뒤마의 소설 『춘희』가 원작입니다) 화류계의 스타지만 순수한 사랑을 갈망했던 한 여인에 대한 이야기지요. '축배의 노래'는 주인공 알프레도와 비올레타가 만나는 1막 초반의 파티 장면에서 나오는 곡입니다. 3박자 리듬을 타는 알프레도의 노래에 비올레타가 가세하는 듀엣곡입니다.

베르디의 대표곡

오페라 〈아이다〉 중 '개선 행진곡' (1870)

고대 이집트를 무대로 하는 〈아이다〉는 오스만 제국에서 독립한 이집트 총독의 의뢰로 베르디가 만든 오페라입니다. 고대 이집트를 배경으로 펼쳐지는 슬픈 사랑 이야기로, 포로로 끌려가 노예가 된 적국 에티오피아의 공주 아이다와 공주를 사랑한 이집트 장군 라다메스의 비극적인 운명을 다룹니다. '개선 행진곡'은 2막에 나오는 유명한 노래로 축구 응원가로도 자주 쓰입니다.

✦ 이탈리아의 통일을 상징하는 곡을 쓴 베르디(1813~1901)

바그너가 독일 오페라에 혁신을 가져왔을 무렵 이탈리아에서는 베르디가 만든 오페라가 사람들을 매료시켰습니다.

이탈리아에는 바로크 시대부터 시작되어 낭만파의 로시니, 도니체티, 벨리니 등이 이어온 오페라의 전통이 있었습니다. 베르디는 이러한 이탈리아 오페라의 전통을 계승해 더욱 발전시킨 작곡가지요.

베르디의 오페라는 정열적이면서도 힘찬 표현이 매력적인데 〈라 트라비아타〉, 〈아이다〉 등이 유명합니다. 특히 〈나부코〉는 베르디의 세 번째 작품이자 출세작으로 잘 알려져 있지요. 바빌로니아에 지배당했던 유대인의 해방을 주제로 한 오페라 〈나부코〉는 오스트리아의 지배에서 벗어나 나라를 되찾고 싶어 하는 이탈리아인의 마음과 중첩되면서 이탈리아의 통일을 상징하는 곡이 되었습니다.

✦ '베리스모 오페라'를 개척한 푸치니(1858~1924)

베르디 등의 활약으로 번성기를 맞이한 이탈리아 오페라에 새로운 장르를 개척한 이들이 푸치니, 마스카니, 레온카발로 등의 작곡가입니다.

베르디보다 마흔다섯 살이나 어린 푸치니는 베르디의 〈아이다〉를 보고 오페라 작곡가를 꿈꾸었습니다. 푸치니가 개척한 장르 중 하나는 〈나비부인〉, 〈투란도트〉와 같은 이국적인 분위기를 띤 작품입니다. 이러한 장르가 나타난 배경에는 19세기 말 진전된 제국주의를 들 수 있지요. 아시아의 정보가 유럽에 들어오면서 아시아풍의 선율과 이야기를 쓴 작곡가가 등장한 것입니다.

그중에서도 푸치니가 만든 〈나비 부인〉의 '어느 갠 날', 〈투란도트〉의 '아무도 잠들지 마라'는 수많은 오페라의 아리아 중에서도 1, 2위를 다툴 정도로 인기가 높습니다(〈나비 부인〉은 메이지 시대 일본을 소재로 한 슬픈 사랑 이야기, 〈투란도트〉는 중국과 중앙아시아를 배경으로 하는 투란도트 공주와 한 왕자의 사랑 이야기입니다).

푸치니가 개척한 또 다른 새로운 장르는 〈토스카〉, 〈라보엠〉과 같은 동시대 사람들의 연애 이야기와 삶의 모습을 그린 '베리스모 오페라'입니다. 기존의 오페라는 문학 작품이나 역사적 사건을 주로 다루었는데 푸치니는 서민들의 (다소 질척거리는) 사랑 이야기를 이른바 '막장 드라마'처럼 그려냈지요.

푸치니 자신의 인생도 파란만장했습니다. 푸치니는 친구의 부인과 사랑에 빠졌는데, 심지어 그 친구는 자신의 불륜 상대의 남편에게 살해당합니

푸치니의 대표곡

오페라 〈라보엠〉 중 '내 이름은 미미' (1893~1896)

바느질로 연명하는 처녀 미미와 시인 로돌프의 사랑, 그리고 미미의 병과 죽음을 그린 〈라보엠〉은 푸치니의 대표작으로 19세기를 살았던 가난한 서민의 삶이 잘 묘사되어 있습니다. 미미의 비극적인 사랑과 죽음에 푸치니는 자신이 만든 곡임에도 눈물을 흘렸다고 전해지지요. 그중 '내 이름은 미미'라는 아리아는 1막 중간에 시인과 처음 만난 미미가 자신을 소개하는 장면에서 나오는 노래입니다.

다. 이후에도 푸치니의 아내가 푸치니와 가정부 사이를 의심하자 가정부가 음독자살을 하는 등, 푸치니의 개인적인 삶도 마치 자신이 쓴 오페라와 다를 바가 없었지요. 또 누군가 집까지 쫓아와 곤궁에 처한 적도 있다고 합니다.

푸치니뿐 아니라 동시대 작곡가 마스카니의 〈카발레리아 루스티카나〉와 레온카발로의 〈팔리아치〉 등도 베리스모 오페라를 대표하는 작품입니다.

본격적인 남하를 시작한 러시아 제국의 야망

✦ 본격적인 남하와 크림 전쟁의 패배

18세기경부터 일관적으로 남하정책을 펼쳤던 러시아는 19세기 후반에 이르자 본격적으로 얼지 않는 바다로 나가는 출구를 향해 대군을 이끌고 남하를 시도합니다.

러시아의 남하 정책을 대표하는 사건은 1853년에 일어난 **크림 전쟁**입니다. 본격적인 남하를 위해 러시아는 오스만 제국에 선전포고를 하고 전쟁을 개시하지요. 하지만 영국과 프랑스가 러시아의 앞길을 막아섭니다.

러시아가 지중해로 나가는 길을 확보했다가는 그렇지 않아도 강력한 육군을 보유한 러시아가 해군력까지 얻어 아무도 건드릴 수 없는 대제국으로 성장할지도 모른다는 우려에서였지요. 이에 영국과 프랑스는 힘을 합쳐 오스만 제국을 지원했고 러시아의 남하를 저지합니다. 크림 전쟁은 유럽 강대국끼리의 매우 격렬한 전쟁이었는데 결국 당시 유럽의 최강이라 불렸던 영국과 프랑스에 러시아가 패배하면서 남하 정책은 좌절됩니다.

크림 전쟁의 패배로 쓰디쓴 실패를 맛본 러시아는 어쩔 수 없이 국내 개혁을 시도합니다. 당시 러시아는 낡은 농노제가 남아 있어서 생산성이 낮고 공업화를 시도해도 일할 노동자가 많지 않은 상황이었습니다.

그래서 러시아 황제는 **농노 해방령**을 발표해서 농노에게 자유를 주고 그들의 노동력을 활용하고자 했지요. 하지만 자유는 쟁취했으나 농민의 삶은 여전히 고달팠고 도시로 이주해 노동자가 된 다음에도 생활이 힘든 건 매한가지였습니다. 이와 같은 사회 하층민의 곤궁한 삶은 이후 일어나는 러시아 혁명의 배경이 됩니다.

1877년 러시아에 다시 한번 기회가 찾아옵니다. 오스만 제국이 지배하던 발칸반도에는 슬라브계 민족이 모여 살았는데, 이들이 오스만 제국에 독립을 요구하며 반란과 봉기를 일으킨 것입니다. 슬라브계 민족 국가의 우두머리 격이었던 러시아는 이들의 반란을 지지하고 오스만 제국과 전쟁을 벌입니다. 이것이 바로 **러시아-튀르크 전쟁**입니다.

이 전쟁에서 승리한 러시아는 슬라브계 국가를 등에 업고 발칸 반도로 큰 걸음을 내디디며 지중해로 가는 길목을 연 듯이 보였지요.

러시아의 남하정책을 소재로 한 곡

차이콥스키의 〈슬라브 행진곡〉 (1876)

1876년에 오스만 제국이, 지배지였던 세르비아의 기독교인을 다수 살해한 사건이 있었습니다. 러시아에게 세르비아는 같은 슬라브계 민족 국가로 남하 정책의 선도 역할을 하는 존재였지요. 그래서 차이콥스키는 살해된 희생자를 추모하고 슬라브계 국가들의 힘을 북돋기 위해 이 곡을 만들었습니다. 세르비아의 민요와 러시아의 국가가 활용되었으며 슬라브족의 승리를 부르짖는 곡입니다.

하지만 이때 러시아의 남하에 반대하는 목소리를 드높인 국가가 발칸 반도 근처에 있던 오스트리아와 지중해 섬들을 소유하고 있던 영국입니다. 그리고 이를 두고 독일의 <u>비스마르크</u>는 '중재자' 역할을 자처하지요. 비스마르크는 조정자 입장을 취하는 듯하면서 결국 러시아의 남하를 저지하는 데 동참합니다. 그 결과 러시아는 남하 정책을 철회하게 됩니다. 이로써 러시아는 크림 전쟁에 이어서 또다시 남하 정책에 실패합니다(이후 러시아가 태평양으로 남하 정책의 방향을 바꾸자 일본과 대립하고 러일 전쟁이 발발합니다).

✦ 러시아 개혁의 피해자였던 무소륵스키(1839~1881)

러시아 국민악파를 대표하는 이른바 '러시아 5인조' 중 한 명인 **무소륵스키**는 유복한 지주 계급에서 태어나 어릴 때부터 피아노와 가깝게 지냈습니다. 그는 원래 음악가가 아닌 군인이 되려고 했지만 '러시아 5인조' 중

무소륵스키의 대표곡

조곡 〈전람회의 그림〉 (라벨 편곡) (1874·1922)

무소륵스키가 먼저 세상을 떠난 친구이자 건축가 겸 화가였던 하르트만의 유작 전시회에서 영감을 받아 작곡한 곡입니다. '프롬나드(간주곡. 전시회로 치면 복도에 해당하는 부분)'와 '그림'에 해당하는 부분을 번갈아 연주하는 것이 특징으로, 마치 전시회에 와 있는 듯한 기분을 느끼게 합니다. 한 장 한 장의 '그림'에 해당하는 곡도 개성 넘쳐서 듣는 귀가 매우 즐겁습니다. 원곡은 피아노곡이지만 라벨이 편곡한 오케스트라 곡이 더 잘 알려져 있습니다.

한 명인 동료와 만난 후로 작곡가의 길을 택했지요.

하지만 러시아의 역사는 무소륵스키에게 있어서 냉혹하기 그지없었습니다. 크림 전쟁에서 패배한 후 러시아는 근대화를 위해 농노해방령을 발표했는데, 이로 인해 많은 농노를 소유하고 있던 지주 계급의 무소륵스키가는 치명적인 위기에 처했습니다.

무소륵스키는 생계를 위해 하급 관리인이 되었지만 계속 경제적으로 빈곤했고, 점차 술에 의지합니다. 말년에는 알코올 의존증이 심해지면서 서서히 음악과도 멀어졌습니다.

무소륵스키의 곡에서는 전업 작곡가에게는 없는 날것 그대로의 매력을 느낄 수 있습니다. 대표작으로 교향시 〈벌거숭이산의 하룻밤〉과 피아노 조곡 〈전람회의 그림〉이 있습니다.

✦ 다채롭고 화려한 곡을 쓴 림스키코르사코프(1844~1908)

'러시아 5인조' 중에서 가장 성공한 인물을 꼽자면 림스키코르사코프가 아닐까 싶습니다. 무소륵스키가 원래는 군인이 되기 위해 경력을 쌓고 있었듯이, 림스키코르사코프도 서른 무렵까지는 러시아 해군에 소속되어 해군이 되기 위한 과정을 밟고 있었습니다. 음악은 훈련 중 틈틈이 짬을 내서 부업으로 했다고 합니다. 하지만 첫 교향곡 연주가 성공하자 얼마 후 군을 떠나 전업 작곡가가 됩니다.

림스키코르사코프의 강점은 관현악법에 있습니다. 오케스트라에서 사용하는 악기를 조합해서 다채로운 음색을 끌어내는 '음색 팔레트'의 활용법이 가히 천재적이지요. 전문적인 음악 교육을 받지 않았는데도 돌연 상

림스키코르사코프의 대표곡

교향조곡 〈셰에라자드〉 (1888)

림스키코르사코프의 화려한 관현악법을 마음껏 즐길 수 있는 곡이 〈셰에라자드〉입니다. 『천일 야화(아라비안나이트)』를 소재로 신드바드의 모험과 수행승의 이야기, 그리고 이야기를 들려주는 대신의 딸 셰에라자드의 동화 같은 세계가 색채감 풍부한 오케스트라로 표현되어 있습니다(누군가 오케스트라의 매력이 뭐냐고 묻는다면 이 곡을 추천하고 싶습니다). 셰에라자드 테마의 아름다운 바이올린 독주곡이 특히 인상적입니다.

트페테르부르크 음악원의 작곡과 관현악법 교수로 임용된 일도 그가 지닌 기술의 특별함을 방증해줍니다.

✦ 서유럽 음악에 러시아적 요소를 섞은 차이콥스키(1840~1893)

유럽 음악 역사의 중심에서 동떨어져 있던 러시아에서는 18세기경까지 황제로부터 초대받은 이탈리아나 독일 음악가들이 활동하는 경우가 많았고, '러시아 음악가'의 활동은 그다지 활발하지 않았습니다. 19세기가 되어서야 글린카, 보로딘, 무소륵스키, 림스키코르사코프 등 '러시아 5인조'라고 불리는 작곡가들이 등장하며 러시아를 소재로 한 곡이 만들어지기 시작했지요.

러시아 5인조와 동시대에 활동했던 작곡가 차이콥스키는 민족성을 전면에 내세운 5인조와는 다르게 주로 서유럽 음악의 기법을 사용했습니다.

발레 음악 〈백조의 호수〉 (1875~1876)

초연에는 실패했지만 차이콥스키 사후에 재연되자 성공하면서 차이콥스키의 대표작으로 꼽히는 곡입니다. 발레곡 중에서도 가장 유명한 곡이라고 할 수 있지요. 악마의 저주를 받아 백조의 모습으로 변한 공주 오데트와 왕자 지그프리트의 슬픈 사랑 이야기가 담겨 있습니다. 모든 부분이 매력적인 선율로 가득 차 있지만 특히 호숫가에 있는 백조의 모습을 묘사한 '정경' 장면이 가장 유명합니다.

교향곡 제6번 〈비창〉 (1893)

차이콥스키가 만든 일곱 곡의 교향곡 중 가장 마지막으로 작곡된 곡입니다. 그리고 초연된 지 9일 만에 차이콥스키가 사망하면서 이 곡이 일종의 '유서'가 아니냐는 다양한 억측에 둘러싸이기도 했지요. 대부분의 교향곡은 마지막 악장에 빠른 템포의 곡을 배치해 감정을 고조시키는 데 반해, 〈비창〉은 최종 악장에 죽음을 예감케 하는 느린 템포의 어두운 곡을 배치한 것이 특징입니다.

교향곡과 협주곡, 실내악곡 등 서유럽 제국에서 만들어진 음악 장르에 더 집중했지요. 물론 러시아 작곡가로서 곡 안에 러시아 민요나 가곡을 넣기도 하면서 차이콥스키만의 매력적인 선율을 만들어냈습니다.

차이콥스키를 유명하게 만든 곡은 〈백조의 호수〉, 〈잠자는 숲속의 미녀〉 〈호두까기 인형〉과 같은 3대 발레 음악입니다. 러시아의 무곡과 빈에서 유행하던 왈츠, 헝가리 춤곡 차르다시, 폴란드 무곡 마주르카 등을 섞어서 무곡의 보석함과도 같은 음악을 완성했지요.

지배당한 체코와 약진하는 미국, 둘을 연결한 드보르자크

✧ 오스트리아의 세 번째 민족이었던 체코인

이번에는 체코와 미국의 역사에 대해서 살펴보겠습니다. 양국과 관련된 유명한 작곡가로는 드보르자크가 있지요.

체코는 15세기 무렵부터 오랫동안, 다민족국가였던 오스트리아에 편입되어 있었습니다. 앞서 말했듯이 프로이센-오스트리아 전쟁 후 오스트리아는 헝가리에 자치권을 주면서 '오스트리아-헝가리 제국(이중제국)'이 되었는데, 이는 체코인 입장에서는 불만이 생길 수밖에 없는 사건이지요.

다민족국가였던 오스트리아를 구성하는 민족은 약 23%가 독일인, 20%가 헝가리인이었는데, 그다음 세 번째인 12.5%가 체코인이었기 때문입니다. 두 번째로 많았던 헝가리인에게는 자치권을 주었는데 왜 그다음 차례인 우리에게는 자치권을 주지 않느냐는 불만이 체코인들 사이에 퍼지면서 민족의식이 싹트기 시작했지요. 이러한 시대적 배경 속에서 체코의 역사와 슬라브인의 민족 음악을 소재로 쓴 스메타나와 드보르자크 등의 음악가가 탄생한 것입니다.

체코인의 민족의식을 소재로 한 곡

스메타나의 연작 교향시 〈나의 조국〉 중 '몰다우' (1872~1879)

'체코 음악의 아버지'라고 불리는 스메타나가 오스트리아의 지배를 받았던 보헤미아(현재 체코의 서부)의 풍경과 전설을 바탕으로 쓴 연작 교향시 〈나의 조국〉 중 두 번째 곡이 '몰다우'입니다. 체코인에게는 '어머니의 강'으로 불리는 몰다우강의 상류부터 중류까지의 풍경과 이와 연관된 전승 등을 조합해 만들어진 곡이지요. 이 곡은 체코인에게는 가히 기념비적인 작품입니다.

✦ 남북 전쟁을 극복하고 약진하기 시작한 미국

19세기 후반 미국이 직면한 상황은 미국 최대의 위기였다고 할 수 있는 남북전쟁이었습니다.

남북 전쟁은 미국 북부와 남부가 무역과 노예 정책을 둘러싸고 대립하면서 시작되었습니다. 남부가 **남부 연맹을 결성**하고 미합중국에서 탈퇴하려고 하자 링컨 대통령이 이끄는 북부가 분열을 막기 위해 나서면서 전쟁으로 발전한 것이지요.

처음에는 남부가 우세했지만 경제력과 공업력에서 앞섰던 북부가 **노예 해방선언**을 하면서 국제 여론을 등에 업고 점차 우위에 섭니다. 결국 북부가 승리하면서 남북의 분열은 피해 갈 수 있었고 헌법상 노예 제도가 폐지되었습니다.

남북 전쟁의 위기를 극복한 미국은 눈부신 공업 발전을 이루면서 세계

최대의 공업국으로 발돋움했습니다. 이와 함께 서부 개척으로 농업도 발전하자 경제가 급성장하면서 많은 이민자가 모여들었지요.

미국의 경제 발전은 도시화를 촉진시켰고 이에 따라 음악의 소비자였던 시민층이 크게 증가하면서 음악을 배우는 사람도 늘어났습니다. 많은 유럽 작곡가가 미국 음악 학교에 초청받았고 유럽 음악의 전통이 미국에도 퍼져 나갔지요.

✦ 체코 음악과 미국 음악을 연결한 드보르자크(1841~1904)

드보르자크가 태어난 체코는 독일의 신성 로마 제국과 오스트리아의 합스부르크가에게 오랫동안 지배를 받던 지역이었습니다.

이에 독립을 바라는 체코인들의 열망은 뜨거웠고, 여기에 19세기에 유행한 내셔널리즘과 낭만파 음악의 조류가 더해지면서 체코의 음악에도 변화가 찾아왔지요. 이와 같은 흐름에서 탄생한 '체코 국민악파'의 선두에 섰던 인물이 〈나의 조국〉을 작곡한 스메타나와, 스메타나의 후계자 격인 드보르자크입니다. 드보르자크의 곡은 체코의 민요를 활용해서 멜로디가 친숙한 곡이 많은데, 그의 대표작 중 하나인 〈슬라브 무곡집〉을 들으면 이 점을 잘 알 수 있습니다.

드보르자크 음악의 또 다른 특징으로는 그가 미국에서 활동했다는 점입니다. 드보르자크는 나이 쉰에 뉴욕의 국립 음악원 원장으로 취임해 미국으로 건너갔습니다. 당시 미국은 신흥국으로서 급성장을 하던 시기여서 유럽에서 여러 예술가를 초빙해 그들의 문화를 열심히 받아들이고자 했지요.

교향곡 제9번 〈신세계로부터〉 (1893)

미국으로 간 드보르자크가 미국이라는 '신세계'에서 고향인 체코를 그리워하며 만든 교향곡입니다. 전편에서 애수가 감도는 명선율이 등장하며 '멜로디 메이커'로서의 그의 재능이 유감없이 발휘되어 있지요. 소위 '귀로'라는 테마로 알려진 2악장과 4악장의 서두는 누구나 알 만한 대표적인 클래식 곡입니다. 체코인뿐 아니라 전 세계의 누구라도 들으면 신기하게도 '고향 생각'이 나게 하는 곡입니다.

첼로 협주곡 (1894~1895)

'협주곡'은 말 그대로 독주 악기와 오케스트라가 협력해서 음악을 진행하는 곡인데, 이 드보르자크의 첼로 협주곡은 이와 같은 협주곡의 매력이 듬뿍 담겨 있습니다. 독주도, 오케스트라도 멋지지만 함께 연주하는 부분도 훌륭하지요. 또한 첼로라는 악기의 표현력이 이 정도로 넓을 수 있다는 사실을 새삼 느낍니다. 고향에 대한 그리움이 컸던 드보르자크가 미국을 떠나 귀국하기 직전에 완성했다고 합니다.

미국으로 간 드보르자크는 체코 음악과 닮은 친숙한 멜로디의 인디언 음악을 접하면서 체코 음악의 가치를 재발견합니다. 이를 바탕으로 교향곡 제9번 〈신세계로부터〉, 〈첼로 협주곡〉, 현악 4중주곡 〈아메리카〉 등을 작곡했고 각국에서 높은 평가를 받았습니다.

북유럽을 대표하는 작곡가 그리그와 시벨리우스의 작곡 배경

✦ 독립을 염원했던 노르웨이와 핀란드

잠시 북유럽의 동향도 살펴볼까 합니다. 19세기 후반 북유럽에서는 음악의 역사에서도 매우 중요한 작곡가인 그리그와 시벨리우스가 등장합니다.

중세 북유럽의 '맹주'는 덴마크였지만 16세기에 스웨덴이 덴마크에서 독립하면서 스웨덴이 북유럽의 맹주 자리에 오릅니다. 스웨덴은 18세기 초 북방전쟁에서 러시아에 패배했지만 19세기에는 철강업과 조선업, 해운업 분야에서 발전을 거듭했습니다.

핀란드는 16세기 이래 스웨덴의 지배를 받았지만 이후에는 러시아의 지배를 받습니다. 러시아 황제 표트르 1세 시대에는 핀란드 땅 중 일부가, 나폴레옹 전쟁 후에는 남은 땅 전부가 러시아의 지배하로 들어가지요. 이러한 상황 속에서 핀란드인은 민족의식이 높아지고 독립을 염원하게 됩니다.

한편, 16세기 덴마크에서 스웨덴이 독립한 후에도 노르웨이는 계속 덴마크의 지배를 받았습니다. 이후 나폴레옹 전쟁이 끝난 뒤 열린 빈 회의에서 노르웨이는 스웨덴에 넘겨지며 스웨덴의 지배를 받지요. 하지만 덴마크와의 관계가 깊었던 노르웨이는 스웨덴과의 관계가 좋지 않았고 점차 독립을 바라게 됩니다.

중세 시대의 <u>덴마크</u>는 강국이었지만 시대가 변하면서 점차 힘을 잃었습니다. 특히 독일과 지리적으로 가까웠던 탓에 19세기 중반에는 프로이센과 오스트리아 양국과 전쟁을 벌였고 이로 인해 독일인이 많았던 남부 지방을 빼앗기며 국력이 크게 쇠퇴했습니다.

✦ 북유럽의 '국민악파'를 대표하는 그리그(1843~1907)

'국민악파'라는 말이 나오면 제일 먼저 손꼽히는 인물인 <u>그리그</u>는 노르웨이를 대표하는 작곡가입니다. 열다섯 살 때 재능을 인정받고 독일로 건너가 라이프치히 음악원에서 공부한 후 덴마크의 코펜하겐으로 이주해 본격적인 작곡 활동을 시작했습니다.

당시 노르웨이는 상황이 복잡했습니다. 14세기 말부터 19세기 초까지 오랫동안 덴마크의 지배를 받았던 노르웨이는 19세기 초 덴마크가 나폴

그리그의 대표곡

극부수음악 〈페르 귄트〉 중 '아침' (1874~1875)

그리그가 노르웨이 작가 입센의 희곡 『페르 귄트』를 위해 작곡한 무대 음악입니다. 세계를 떠돌아다니는 자유인 페르 귄트가 벌이는 모험담이 '산속 마왕의 궁전에서', '아니트라의 춤' 등 다양한 곡으로 표현되었습니다. '아침'은 새로운 여행이 시작되는 모로코 해안의 아침 풍경을 묘사한 곡으로, 플루트의 상쾌한 선율로 문을 엽니다. 이후 빛나는 아침 해를 나타내며 고조되는 대목이 곡의 주요 부분입니다.

레옹 측에 서면서 나폴레옹 패배, 실각 후 패전국이 되었지요. 패전국 덴마크는 반 나폴레옹을 내세웠던 스웨덴에 노르웨이를 넘겨주었고, 스웨덴과 노르웨이는 같은 군주를 섬기는 연합 국가(동군연합)가 됩니다. 이로 인해 19세기 노르웨이는 '덴마크 문화의 영향이 강하게 뿌리내린 스웨덴의 지배국'이 된 것이지요. 이러한 문화적 배경과 북유럽에 찾아온 낭만파 열풍은 노르웨이 사람들의 문학, 미술, 음악 등에 큰 영향을 미쳤습니다.

코펜하겐에서 노르웨이 오슬로로 거처를 옮긴 그리그는 국민적 시인들과 어울렸고 이후 노르웨이를 소재로 한 곡을 많이 작곡했습니다. 대표곡으로는 〈페르 귄트〉와 〈피아노 협주곡〉이 있습니다.

✦ 핀란드를 대표하는 작곡가 시벨리우스(1865~1957)

핀란드를 대표하는 작곡가 시벨리우스가 태어났을 때 핀란드는 러시아 제

시벨리우스의 대표곡

교향시 〈핀란디아〉 (1899)

핀란드를 지배했던 러시아가 핀란드 언론을 탄압하자 이에 반발하기 위해 핀란드 신문사에서는 민족의 역사를 주제로 한 민족주의적 역사극을 올렸습니다. 〈핀란디아〉는 시벨리우스가 이 역사극을 위해 쓴 곡의 일부를 교향시로 만든 것이지요. 중후한 도입부, 투쟁을 호소하는 듯한 용맹스러운 테마, 아름다운 중간부 등 전체적으로 충실한 내용으로 구성된 곡입니다. 중간부에 나오는 악구는 핀란드의 '두 번째 국가'라고 불립니다.

국의 지배를 받고 있었습니다. 러시아는 단계적으로 핀란드를 러시아에 동화시키려 전략을 펼쳤고 이에 핀란드인의 불만은 나날이 커져갔지요.

그러다 러시아가 핀란드인의 민족 운동을 억제하기 위해 핀란드의 언론과 집회의 자유를 빼앗자 핀란드인의 민족의식은 단숨에 솟구쳤습니다.

이러한 상황 속에서 시벨리우스는 교향시 〈전설〉과 〈카렐리아〉, 〈핀란디아〉 등 민족성을 전면에 내세운 곡을 작곡했습니다. 또 그는 일곱 개의 교향곡과 바이올린 협주곡도 만들었지요. 이러한 곡들에는 투명하면서도 명상적인 느낌을 자아내는 시벨리우스만의 독특한 개성이 담겨 있습니다.

✦ 세계를 식민지로 분할한 구미 열강

이 장에서 소개한 유럽 제국과 미국은 19세기 후반에 이르자 전 세계에 진출하며 식민지를 확대해 나갔습니다. 특히 아프리카와 동남아시아는 유럽과 미국이 많이 식민지화한 지역이지요.

영국은 이집트와 남아프리카를 점령하면서 아프리카의 남북을 영국의 세력권 내에 두려는 아프리카 종단정책을 펼쳤습니다. 그리고 프랑스는 모로코에서 지부티를 잇는 아프리카 횡단정책을 실시했지요. 그 외에도 많은 나라가 아프리카에 진출해 20세기 초에는 라이베리아와 에티오피아를 제외한 아프리카 전역이 유럽 제국의 식민지가 되었습니다.

동남아시아도 상황은 마찬가지였습니다. 버마(미얀마), 말레이시아, 싱가포르는 영국령, 베트남, 캄보디아, 라오스는 프랑스령, 인도네시아는 네덜란드령, 필리핀은 미국령이 되면서 태국을 제외한 전 지역이 유럽 제국과 미국의 지배를 받았습니다.

뮤지컬과 영화음악

다양한 분야에서 쓰이는 오케스트라 음악

오케스트라 곡 하면 클래식 음악이 먼저 떠오르지만, 사실 알고 보면 TV 프로그램에서 흘러나오는 배경 음악을 통해서 오케스트라 사운드를 접하는 경우가 많습니다. 또 요즘에는 게임 속에 등장하는 BGM도 오케스트라를 활용해서 녹음하는 경우가 있지요.

이러한 방식으로 친근해진 오케스트라 곡 중에서도 오랫동안 사랑받는 뮤지컬이나 영화 음악 명곡이 많습니다. 그래서 이러한 곡을 모아 전문 오케스트라가 연주하는 뮤지컬 혹은 영화 음악 콘서트도 자주 열리고 있지요.

뮤지컬 음악의 '고전'으로 인정받는 명작

레너드 번스타인이 음악을 맡은 뮤지컬 〈웨스트사이드 스토리〉 속 음악은 뮤지컬 음악의 고전이자, 현재는 클래식 곡으로도 인정받고 있습니다. 〈웨스트사이드 스토리〉는 셰익스피어의 『로미오와 줄리엣』을 현대적으로 재해석한 뮤지컬로 전후 미국을 배경으로 갱단 간의 싸움과 주인공들의 슬픈 사랑 이야기를 그린 히트작이지요. 재즈와 댄스 음악을 대담하게 섞은 곡이 많은데 '맘보', '아메리카', '쿨', '투나잇' 등의 곡이 유명합니다. 그중에서도 결투 장면 직전에 '투나잇'에 맞추어 부르는 '5중창'은 두 갱단과 세 주인공의 생각이 어지러이 뒤섞인 매우 인상적인 곡입니다.

〈웨스트사이드 스토리〉는 폴란드계와 푸에르토리코계 이주민 간의 집단 싸움을 다루는 만큼 '이민족의 나라'로 불리는 미국의 사회 문제를 수면 위로 끌어올린 작품으로도 볼 수 있습니다.

뮤지컬 음악의 고전을 하나 더 소개하자면 〈사운드 오브 뮤직〉을 들 수 있습니다. '도레미 송', '내가 좋아하는 것들', '에델바이스' 등 우리에게도 잘 알려진 곡이 많지요. 〈사운드 오브 뮤직〉은 나치 독일의 오스트리아 병합이 역사적 배경으로 깔려 있습니다. 독일의 지배를 받아들일지 아니면 거부할지, 오스트리아인의 갈등을 그리고 있지요.

우리에게도 매우 친숙한 클로드 미셸 쇤베르크의 곡

뮤지컬 〈레미제라블〉과 〈미스 사이공〉의 음악도 뮤지컬 음악으로 자주 연주됩니다. 두 작품의 음악은 모두 클로드 미셸 쇤베르크가 만들었지요. 그는 9장에서 소개하는 오스트리아 출신의 작곡가 쇤베르크의 동생의 손자이기도 합니다. 둘 다 규모가 크고 극적인 뮤지컬로 음악만 들어도 충분히 귀가 즐겁습니다.

〈레미제라블〉은 1830년대 7월 혁명에서 2월 혁명 사이의 프랑스를 다룬 뮤지컬로, 자유를 갈망하는 민중과 사회 각 계층의 인간 군상을 그리고 있습니다. 앞서 7장과 8장에서 자유와 평등 그리고 모든 지배로부터의 해방을 원하는 마음이 '낭만파'를 낳았다고 설명했는데, 딱 그 시기가 〈레미제라블〉의 배경입니다. 가사 속에도 자유와 해방 그리고 왕정을 비판하는 내용이 많지요. '룩 다운', '민중의 노래' 등이 잘 알려져 있습니다.

〈미스 사이공〉의 음악도 클로드 미셸 쇤베르크가 작곡했습니다. 베트남 전쟁으로 헤어진 미군과 베트남 여성의 사랑을 그린 명작이지요. 베트남이 무대인 만큼 아시아 음계를 사용한 곡이 많아 동남아시아의 세계관이 잘 표현되어 있습니다. 그중에서도 '서곡'과 '내 목숨 다 바칠 거야', '사이공 함락' 등이 명곡으로 꼽힙니다.

대표적인 영화 음악

1895년 파리에서 '영화의 아버지'라 불리는 뤼미에르 형제가 스크린에 영상을 투영한 형태의 영화를 시작한 이래, 영화는 대중의 오락물로서 급속히 발전해 왔습니다.

영화에 음악이 사용된 시기는 1920년대로, 이때 '토키'라고 불렸던 '유성 영화'가 시작되었습니다. 1928년에 월트 디즈니에서 만든 유성 애니메이션《증기선 윌리》가 초기 작품으로 유명하지요. 이후 월트 디즈니에서는 수많은 명작을 만들었고 영화와 함께 디즈니의 음악도 유명해졌습니다.

전후에는 할리우드를 중심으로 영화산업이 발달했습니다. 이 시기 영화 음악의 거장으로 알려진 인물이《스타워즈》,《E.T.》,《죠스》,《쥬라기 공원》으로 유명한 존 윌리엄스입니다. 그의 곡은 장대하고 감동을 주어서 관현악곡으로서도 충분히 가치가 있습니다. 존 윌리엄스는 영화 음악뿐 아니라 많은 협주곡도 작곡했지요. 이외에도 영화《피아노》의 음악을 맡은 마이클 나이먼도 유명합니다.

일본 작곡가로는 예전에는《고질라》의 음악을 작곡한 이후쿠베 아키라, 최근에는《전장의 크리스마스》,《마지막 황제》의 음악으로 유명한 사카모토 류이치,《이웃집 토토로》,《센과 치히로의 행방불명》등 미야자키 하야오 감독의 애니메이션 음악을 맡았던 히사이시 조 등이 있습니다. 이와 같은 영화 음악으로 오케스트라 사운드에 익숙해지면서 클래식 음악을 듣기 시작했다는 분도 많지요.《전장의 크리스마스》와《마지막 황제》는 아시아의 근현대사를 배경으로 하고 있으니 역사를 알아두면 더욱 깊이 이해할 수 있습니다.

제 9 장

20세기
전반의 음악

비참했던 두 세계대전과 다양해진 음악

✦ 역사 훑어보기

9장에서는 20세기 전반의 시대를 다루고자 합니다. 여기서는 이 시대를 대략 '제1차 세계대전 시기', '전간기(戰間期)', '세계 공황과 제2차 세계대전 시기'와 같이 3단계로 나누어서 살펴보겠습니다.

'제1차 세계대전 시기'에는 독일의 새로운 황제 빌헬름 2세가 기존의 방어적인 외교 정책을 철회하고 발칸 반도를 통해 아시아와 아프리카 방면으로 진출하고자 합니다. 이에 아시아에 넓은 식민지를 가졌던 영국과 프랑스, 발칸 반도를 통한 남하 정책을 펼치고자 했던 러시아가 반발하면서 세계대전이 일어납니다.

제1차 세계대전은 지금까지 인류가 경험한 적 없던 끔찍한 전쟁이었습니다. 러시아에서는 장기간의 전쟁으로 곤궁해진 민중이 혁명(러시아 혁명)을 일으키면서 로마노프 왕조가 무너지고 사회주의 국가 소비에트 연방이 성립됩니다.

제1차 세계대전과 제2차 세계대전 사이인 전간기에는 제1차 세계대전에 대한 반성이 이루어졌습니다. 세계 각국은 참혹한 전쟁을 반복하지 않기 위해 서로 협력하기로 합니다. 그 와중에 제1차 세계대전 때 자국의 영토에서 전쟁이 일어나지 않았던 미국은 눈부신 경제발전을 이루었고, 미국의 대중문화와 오락이 크게 성장했습니다. 이 시기에 라디오 방송이 시작되었고 영화 상영, 재즈 음악의 유행 등 문화가 발전하면서 음악에도 커다란 영향을 미쳤습니다.

하지만 미국의 경제 발전은 1929년 가을 월가에서 일어난 주가 대폭락으로 끝이 납니다. 세계는 **대공황**을 겪으며 **제2차 세계대전**의 시대로 접어듭니다. 경제 공황이 확대되면서 미국에서 받은 융자에 의지해 왔던 독일 경제도 붕괴되었고, 영국과 프랑스는 공황의 영향을 최소한으로 막기 위해서 관세율을 올리고 무역액을 제한했습니다. 전 세계는 불황과 분단의 시대를 맞이합니다.

이러한 상황을 타개하기 위해서 독일과 이탈리아에서는 **히틀러**와 **무솔리니**가 독재 정치를 펼쳤고, 세계는 제2차 세계대전의 수렁에 빠집니다. 제2차 세계대전은 제1차 세계대전보다 더 참혹한 전쟁이 되었습니다.

✦ 음악 훑어보기

낭만파 말기부터 이미 20세기로 접어들었지만 여기서 말하는 '20세기 전반의 음악'이란 대략 '제1차 세계대전을 경험한 작곡가' 이후의 음악을 가리킵니다.

지금까지는 17세기부터 18세기 전반은 '바로크 음악', 18세기 중반부터 19세기 초는 '고전파 음악', 19세기는 '낭만파 음악'처럼 하나로 묶어 부를 수 있는 음악의 커다란 경향과 특징이 있었습니다. 하지만 20세기에 들어서면서부터 음악은 다양해졌고 더 이상 하나의 단어로 성격을 규정짓기란 불가능해졌습니다.

다양해진 음악을 분류해 보자면 우선 낭만파를 계승한 음악을 꼽을 수 있습니다. 낭만파의 전통을 이어받아 선율의 아름다움과 화음의 흐름에 집중한 음악이지요. 4세대 낭만파라고 부를 수도 있겠습니다. 하지만 이러한 경향을 띤 작곡가들은 종종 시대에 뒤떨어진다는 비판을 받기도 했습니다.

두 번째는 '상징주의'와 '인상주의' 음악입니다. 이제까지 낭만파에서는 문학의 스토리나 자신이 표현하고 싶은 내용을 적극적으로 명확하게 드러내는 것이 일반적이었습니다. 하지만 '상징주의'에서는 함축이나 암시처럼 내면의 표현을 더 중시했지요. 이에 따라 장조도 단조도 아닌 화음이나 명확하지 않은 리듬이 사용되었습니다. 인상주의는 회화의 '인상파'가 음악으로 들어오면서 만들어진 개념입니다. 회화의 인상파처럼 자연과 풍경 등의 모습을 다채로운 음색으로 표현하고 윤곽을 흐릿하게 만들어 그 장소의 분위기를 드러내는 것이 특징이지요. 상징주의와 인상주의 모두 인간의 내면과 공간의 분위기를 중시한 곡입니다.

세 번째로 들 수 있는 장르는 '표현주의' 음악입니다. 낭만파 말기에 등장한 전위적인 음악을 더욱 발전시킨 형태지요. 일부러 화음의 규칙을 깨거나 명확한 조성(調性) 없이 음의 강약을 극단적으로 교차시키는 등 예전보다 전위적인 색깔이 더 짙어졌습니다. 뒤틀린 음과 독기가 느껴지는 표현 안에서 고혹미를 느낄 수 있고 인간의 내면을 들여다보게끔 합니다.

네 번째는 무조(無調) 음악입니다. 지금까지 음악에서 사용해 왔던 화음의 규칙을 모두 없앤 장르지요. 무조 음악의 대표적인 작곡기법이 '12음 기법'

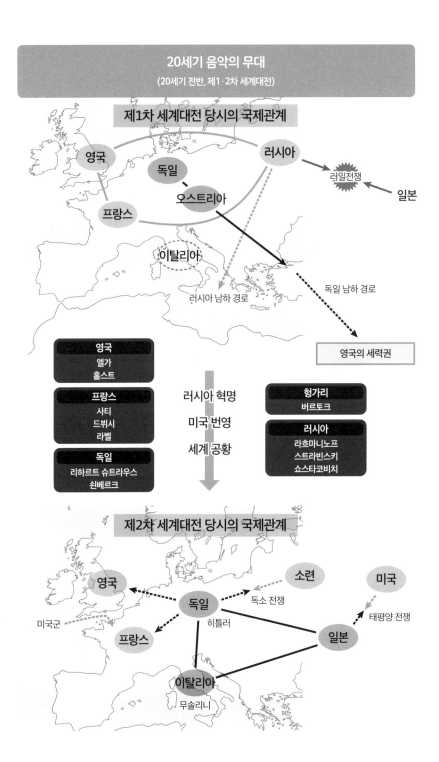

20세기 음악의 무대
(20세기 전반, 제1·2차 세계대전)

제1차 세계대전 당시의 국제관계

영국

독일

러시아

오스트리아

프랑스

러일전쟁

일본

이탈리아

러시아 남하 경로

독일 남하 경로

영국의 세력권

영국
엘가
홀스트

프랑스
사티
드뷔시
라벨

독일
리하르트 슈트라우스
쇤베르크

러시아 혁명

미국 번영

세계 공황

헝가리
버르토크

러시아
라흐마니노프
스트라빈스키
쇼스타코비치

제2차 세계대전 당시의 국제관계

영국

소련

미국

독일

독소 전쟁

미국군

태평양 전쟁

프랑스

히틀러

일본

이탈리아

무솔리니

입니다. 도, 도#, 레, 레# ……시까지, 한 옥타브 안에는 열두 개의 반음이 있는데, 이 중 한 음을 쓰면 남은 열한 개의 음이 모두 쓰일 때까지 그 음은 사용하지 않는 작곡 기법입니다. 아름답다고 말하기는 어려운 음악이지만 이러한 방식으로 만들어진 선율 그 자체는 완전히 새로운 소리이므로 여기서 가치를 발견할 수 있습니다.

다섯 번째는 '신고전주의' 음악입니다. 상징주의와 인상주의, 표현주의와 같이 애매한 표현 방식과 전위적 성향을 버리고 고전파와 같이 균형 잡힌 화음과 간결한 형식을 추구한 음악이지요.

여섯 번째로는 '원시주의' 음악을 들 수 있습니다. 민족 음악처럼 격렬한 리듬과 또렷한 화음으로 생명력 넘치는 표현을 중시한 장르지요.

작곡가 중에는 여러 개의 방향성을 추구한 사람도 있고, 그 어느 쪽에도 속하지 않는 사람도 있습니다.

제1·2차 세계대전의 패전국이 된 독일

✦ 제1차 세계대전과 독일

이 장에서는 우선 독일에 시선을 돌려 보겠습니다. 독일은 제1·2차 세계대전을 일으키고 두 전쟁에서 모두 패한 전쟁기의 핵심 나라입니다.

전쟁이 일어나기 전 독일의 수상이었던 비스마르크는 여러 정책을 펼쳤습니다. 그는 독일을 통일시키는 데 큰 역할을 했으며 통일 후에는 자신의 장기였던 외교 정책을 통해 많은 나라와 동맹관계를 맺고 독일의 안전을 확보하기 위한 정책을 전개해 나갔습니다.

하지만 20세기에 들어서면서 혈기 왕성한 젊은 황제 빌헬름 2세가 즉위하자 비스마르크는 수상의 자리에서 물러나야 했습니다. 빌헬름 2세는 안전을 제일 우선시했던 독일의 외교 정책을 전환해 적극적인 해외 진출을 모색했습니다. 곧바로 독일부터 발칸 반도를 지나 아시아로 이어지는 철도를 건설하고자 했으며, 프랑스의 세력권이었던 모로코에 손을 뻗치며 프랑스를 견제했지요. 이러한 외교 정책의 변화는 많은 나라의 반감을 샀습니다.

아시아로 가는 철도 건설은 인도를 세력권 내에 두었던 영국의 반감을 샀고, 철도가 지나가는 길이었던 발칸 반도는 러시아의 영역이었기에 러시아의 불만도 높아졌습니다. 또 프랑스와 독일은 프로이센-프랑스 전쟁 이후 숙적과도 같은 존재였지요.

그 결과 독일과 그의 동맹국이었던 오스트리아, 오스만 제국과, 영국· 프랑스·러시아를 중심으로 하는 나라 간의 **제1차 세계대전**이 발발합니다. 이 전쟁은 지금까지 인류가 한 번도 경험한 적 없던 끔찍한 전쟁이 되었습 니다.

✦ 전간기의 독일

제1차 세계대전에서 독일은 패전국이 되었습니다. 전쟁 후 맺어진 **베르사 유 조약**으로 독일은 모든 해외 식민지를 포기하고 영토를 양도했으며 군비 를 대폭 축소하고 막대한 배상금을 지불해야 했지요.

독일에게 제1차 세계대전의 배상금은 더할 나위 없이 큰 금액이었습니 다. 도저히 지불할 수 없는 금액이라 배상금 지불이 늦어지자 프랑스와 벨 기에가 독일 공업의 핵심이었던 루르 지역을 점령하고 공업제품의 생산을 막으면서, 독일 내에서는 극심한 인플레이션이 일어났습니다.

위기에 처한 독일에 도움의 손길을 내민 나라는 미국이었습니다. 미국 의 제안으로 미국 은행과 기업이 독일 기업에 돈을 빌려준 것이지요. 독일 기업은 미국에서 대출을 받아 재기에 성공합니다. 전후 움츠러들었던 공 업 생산력도 어느 정도 선까지는 회복할 수 있었지요.

하지만 1929년 미국발 대 공황이 세계를 덮치자 독일 경제는 다시 곤란 해집니다. 독일에 돈을 빌려주었던 미국 은행과 투자가들의 상황이 나빠 졌기 때문이지요. 경제부흥에 어느 정도 성공은 했지만 미국의 대출에 의

존했던 독일 기업은 더 이상 자금을 융통할 수 없자 금세 상황이 악화되면서 독일 경제는 붕괴되고 맙니다.

✦ 세계 공황과 히틀러의 등장

독일은 실업률이 30%를 넘었고 실업자가 6000만 명까지 증가했지만, 기존의 정당과 의회에서는 효과적인 대책을 강구해내지 못했습니다. 이에 사람들은 화려한 연설로 국민의 지지를 얻은 히틀러와 그가 이끄는 나치당(나치스)에 기대를 걸었지요. 1932년 총선거에서 나치당은 제1당을 차지했고 이로써 히틀러 내각이 성립합니다.

　독일의 총통으로서 국가의 원수가 된 히틀러는 대규모 공공사업을 벌여 실업난을 극복합니다. 또한 국제 연맹에서 탈퇴하고 베르사유 조약을 위반하며 군비를 증강하지요. 물건을 판매할 시장을 확보하기 위해 영토 확장에도 뜻을 둡니다. 이와 함께 히틀러는 독일 민족을 우수한 민족이라 정의하면서 유대인을 박해합니다. 비밀경찰과 정부의 선전으로 국민의 사상을 통제하는 **전체주의 국가**를 만듭니다.

　1938년 히틀러가 이끄는 독일은 오스트리아를 병합하고, 체코슬로바키아에 독일인이 많이 거주하는 주데텐란트 지방을 넘길 것을 강요했습니다. 나아가 이듬해에는 소련과 **독소 불가침조약**을 맺고 폴란드를 침공합니다. 이처럼 독일이 확장 정책을 펼치자 또다시 전쟁을 일으키는 데 신중한 입장을 취했던 영국과 프랑스도 독일에 선전포고를 함으로써 1939년 9월 **제2차 세계대전**이 시작됩니다.

　개전 후 독일은 1년도 채 지나지 않아 파리를 점령하고 프랑스를 항복시킵니다. 그리고 영국의 본토를 노리며 공격을 이어갔지만 영국은 공중 폭격을 당하면서도 끈질기게 저항했습니다. 서유럽에서의 전쟁이 잘 풀리지 않자 히틀러는 동쪽으로 화살을 돌립니다. 헝가리, 루마니아, 불가리아 등을 독일 진영으로 끌어들이고 유고슬라비아와 그리스를 점령합니다. 급기야 소련까지 침공하면서 말 그대로 진흙탕 싸움이었던 독소 전쟁을 시작합니다.

독소 전쟁의 결과, 독일은 스탈린그라드(볼고그라드) 전투에서 패배하고, 서쪽에서는 미국과 영국을 필두로 한 연합군이 프랑스 북서부에서 **노르망디 상륙 작전**에 성공하자, 전황은 급속도로 독일에 불리하게 돌아갑니다. 결국 1944년 독일은 파리를 잃고, 1945년 4월에는 소련군에게 베를린을 포위당하면서 1945년 5월 무조건적인 항복을 외칩니다.

✦ 대규모 오케스트라로 화려한 음을 끌어낸 리하르트 슈트라우스
(1864~1949, 낭만파)

20세기 독일의 작곡가 하면 우선 **리하르트 슈트라우스**를 들 수 있습니다(슈트라우스라는 이름 때문에 요한 슈트라우스를 떠올리기도 하는데 둘은 아무 관계가 없습니다). 호른 연주자였던 아버지 밑에서 태어난 슈트라우스는 호른을 중심으로 한 금관악기를 사용하는 데 탁월한 작곡가입니다.

리하르트 슈트라우스는 독일 낭만파 계보에 이름을 올리며 리스트의 교향시와 바그너의 오페라를 이어받은 인물로, 대규모의 오케스트라를 자유자재로 다루고 화려한 음색을 끌어내는 능력으로 높게 평가받았습니다. 전반기에는 〈돈 후안〉과 〈차라투스트라는 이렇게 말했다〉 등의 교향

교향시 〈차라투스트라는 이렇게 말했다〉 (1895~1896)

〈돈 후안〉과 〈영웅의 생애〉처럼 규모가 크고 화려한 리하르트 슈트라우스의 교향시 중에서 여기서는 〈차라투스트라는 이렇게 말했다〉를 소개하고 싶습니다. 19세기 독일 철학자 니체가 쓴 동명의 철학서에 영감을 받아 작곡한 곡으로, 책의 사상보다는 몇 개의 장면을 음악적으로 표현했습니다. 이 곡의 서두는 영화 《2001 스페이스 오디세이》에 쓰이면서 널리 알려졌습니다.

오페라 〈살로메〉 중 '일곱 베일의 춤' (1903~1904)

〈살로메〉는 예수에게 세례를 받았다는 세례자 요한의 목을 요구한 소녀 살로메가 의붓아버지 앞에서 베일을 벗고 알몸으로 춤을 춘다는, 매우 관능적이면서도 퇴폐적인 내용의 오페라입니다. '일곱 베일의 춤'은 베일을 하나씩 벗으며 벌거벗은 몸이 되어가는 살로메의 춤에 맞추어 점차 열기가 뜨거워지는 곡이지요. 지나치게 선정적이라는 이유로 곳곳에서 상연이 금지될 정도였습니다. 하지만 단순히 부도덕적이라는 평가만 받는 것은 아니고, 팽팽한 긴장감이 살아 있는 명곡으로도 잘 알려져 있습니다.

시를 중심으로 작곡했으며, 후반기에는 오페라를 주로 만들었지요. 〈살로메〉, 〈엘렉트라〉, 〈장미의 기사〉, 〈낙소스섬의 아리아드네〉 등의 걸작 오페라를 남겼습니다.

'역사와 음악'이라는 관점에서 보자면 리하르트 슈트라우스의 배경에는 나치 독일의 그림자가 드리워져 있습니다. 그는 나치당에 협력적이었으며 히틀러 정권하의 제국음악원 총재로 임명되었지요. 이를 비판적으로 보는 사람도 있지만 며느리가 유대인이었기에 자신의 가족을 지키려고 나치스에 협력적일 수밖에 없었다고 보는 입장도 있습니다.

✦ 12음 기법을 만든 쇤베르크(1874~1951, 낭만파·무조)

20세기 초 빈에서는 '신빈악파'라고 불리는 사람들이 등장했습니다. 이를 대표하는 인물이 쇤베르크지요. 처음에 쇤베르크는 낭만파 풍의 작품을 썼지만 점차 반음계를 많이 쓰는 방향성 없는 음악을 작곡하다가 결국에는 주축이 되는 음이나 하모니가 없는 무조 음악에 다다릅니다. 나아가 쇤베르크는 '무조'라는 생각을 더욱 발전시켜 열두 개의 반음을 나열해 '음렬'을 만들고, 그 음을 순서대로 연주하는 12음 기법의 곡을 다수 작곡했지요.

쇤베르크는 빈의 유대인 거주 구역에서 태어난 유대인입니다. 독일 전통음악을 중시했던 그는 유대교를 버리고 프로테스탄트로 개종해 베를린 교육기관에서 작곡을 배웠습니다. 하지만 히틀러가 정권을 쥔 1933년 독일에서는 모든 유대인 교사가 직업을 잃었고, 쇤베르크도 '유해한 음악을 만드는 퇴폐적인 예술가'라고 비판받자 어쩔 수 없이 미국으로 망명을 떠납

손베르크의 대표곡

〈정화된 밤〉 (1899)

손베르크가 무조 음악을 많이 다루기 시작하기 전의 작품으로 낭만파 후기에 해당하는 곡입니다. 독일 시인 데멜의 시 「정화된 밤」을 기초로 밝은 달빛 아래에서 이야기를 나누는 남녀의 모습을 묘사한 곡이지요(여자가 배 속의 아이가 남자의 아이가 아니라고 고백하자 남자가 고뇌 끝에 이를 용서하는 내용입니다). 불안하고 어두운 밤의 정경이 잘 표현되어 있습니다.

손베르크의 대표곡

〈바르샤바의 생존자〉 (1947)

'무조 음악'이나 '12음 기법'은 결코 아름다운 음악은 아니지만 이제까지는 없었던 새로운 음악의 표현 방식 중 하나임은 틀림없는 사실입니다. 12음 기법이 어떻게 음악으로 표현되었는지를 알고 싶다면 〈바르샤바의 생존자〉를 들어보길 바랍니다. 나치 독일의 수용소에서 사형을 기다리는 유대인들의 공포가 갈 곳 없이 갈기갈기 찢어진 듯한 12음 기법으로 잘 표현되어 있어서 가슴을 치는 곡입니다.

니다. 미국에서 자신의 민족에 대해 자각하게 된 쇤베르크는 다시 유대교도로 돌아옵니다.

✦ 동유럽 민요를 즐겨 사용한 버르토크(1881~1945)

버르토크는 근대 헝가리를 대표하는 작곡가입니다. 그가 태어났을 당시의 헝가리는 이중제국이었던 '오스트리아-헝가리 제국' 상태였기에, 작곡을 공부하는 학생들은 보통 음악의 도시이자 역사가 깊은 오스트리아 수도 빈을 목표로 삼았지요. 하지만 버르토크는 헝가리의 수도 부다페스트의 음악원에 진학했습니다. 이곳에서 공부하면서 버르토크는 헝가리를 비롯한 동유럽 민요를 작품에 넣는 특유의 스타일을 만들었지요.

작곡가라기보다는 피아니스트이자 민요 수집가로서의 성격이 더 강했던 버르토크에게 변화가 찾아온 계기는 제1차 세계대전입니다. 전쟁 때문에 각지를 돌아다닐 수 없자 작곡에 전념하게 된 것이지요. 중기의 대표작인 〈허수아비 왕자〉, 〈중국의 이상한 관리〉 등이 제1차 세계대전 때 만들어집니다.

제2차 세계대전의 전운이 감돌고 헝가리 정부가 나치 독일에 접근하자 자유로운 음악활동에 제한을 받을까 두려웠던 버르토크는 제2차 세계대전이 일어나자마자 미국으로 떠납니다.

하지만 미국으로 이주한 버르토크에게는 좀처럼 작곡 의뢰가 들어오지 않자 곤란한 상황에 처합니다. 게다가 백혈병에 걸리면서 몸 상태도 극도로 나빠졌지요. 이에 그를 도우려는 친구들의 제안으로 의뢰받은 곡이 말년의 걸작 〈관현악을 위한 협주곡〉입니다.

버르토크의 대표곡

〈관현악을 위한 협주곡〉 (1943)

미국으로 건너간 버르토크는 건강도 나빠지고 생활도 곤란해지면서 고된 시간을 보
냅니다. 이에 그의 처지를 안타깝게 여긴 친구들과 지휘자 쿠세비츠키는 버르토크에
게 대규모 관현악곡을 작곡해달라고 요청하지요. 이 곡이 말년의 걸작으로 알려진
〈관현악을 위한 협주곡〉입니다. 오케스트라가 연주하는 각 파트가 저마다의 매력을
최대한 발휘할 수 있도록 쓰였으며, 음색의 만화경과도 같은 감
각을 느낄 수 있습니다.

파시즘을 내세우며 독일과 동맹을 맺은 무솔리니

✦ 두 세계대전과 이탈리아

19세기 후반에 통일을 이룬 이탈리아는 독일, 오스트리아와 삼국 동맹을 맺고 제국주의 정책을 펼치면서 에티오피아와 리비아에 군대를 파견합니다.

하지만 제1차 세계대전의 전운이 감돌자 이탈리아는 중립을 선언하고 독일과 오스트리아의 진영에서 발을 뗍니다. 이탈리아의 일부는 아직 오스트리아의 소유여서 두 나라 간의 응어리가 아직 다 풀리지 않았던 것이지요. 전쟁이 시작되자 이탈리아는 독일의 신념에 반대 의사를 표하고 (독일을 배신하고) 영국과 프랑스, 러시아 협상국 측에 서서 참전합니다. 그 결과 이탈리아는 제1차 세계대전의 승전국이 되었지요. 하지만 전후 이탈리아는 충분한 영토를 할당받지 못했고 경제는 정체 상태에 빠집니다.

이러한 불안정한 상황 속에서 사람들의 지지를 받은 인물이 **무솔리니**입니다. 무솔리니는 강력한 독재 정치와 언론 통제로 전체주의 체제를 만들고 세계 공황이 일어나자 에티오피아를 침략해 전쟁을 벌입니다. 그리고 같은 시기에 독일에서 권력을 쥔 히틀러에게 접근해 동맹관계를 체결하고 제2차 세계대전을 일으키지요. 그 결과 이탈리아는 패전국이 되었고 무솔리니는 실각한 뒤 살해당합니다.

기세는 한풀 꺾였지만
두 세계대전을 견뎌낸 영국

✦ 제1차 세계대전과 영국

압도적인 해군력으로 '해가 지지 않는 나라'로 불렸던 영국도 20세기 초에는 기세가 한풀 꺾입니다. 19세기 말 남아프리카 식민지 전쟁에서 고전하며 더 이상 독불장군처럼 행동할 수 없게 된 것이지요. 게다가 러시아의 남하 정책과 독일의 확장 정책 등 세계 정세도 복잡하게 돌아갔습니다. 이에 영국은 이제까지 고수해 왔던 고립 정책을 버리고 적극적으로 동맹 관계를 맺기 시작했습니다.

1902년 영국은 러시아의 남하 정책을 견제하기 위해 영일 동맹을 체결했고, 이후 독일의 발칸 반도와 아시아 진출을 견제하기 위해서 영불 협상과 영러 협상을 맺었습니다. 영국, 프랑스, 러시아의 '삼국 협상'은 독일을 중심으로 맺어진 '**삼국 동맹**'과 대적하는 구도를 형성했지요.

제1차 세계대전이 발발하자 영국은 많은 병사를 유럽 대륙으로 보내 독일과 격렬하게 싸웠습니다. 결국 영국은 전쟁에서 승리했지만 피해도 심각했기에 패권국가로서의 지위를 잃었고 미국에 그 자리를 내주었습니다.

✦ 전간기부터 제2차 세계대전의 영국

미국이 불황에 빠지고 세계 공황이 발생하자 영국도 커다란 타격을 입었습니다. 해외 투자를 적극적으로 해왔던 영국 은행이 큰 피해를 입은데다 독일 경제 붕괴로 배상금도 받을 수 없었기 때문이지요. 대불황이 찾아오면서 영국도 경제 정책을 전환해야 했습니다.

이에 영국은 본국과 식민지 그리고 식민지였던 지역을 그룹으로 묶고, 그 안에서만 수출입을 허용해 경제를 순환시키는 '블록 경제권'을 만듭니다. 이는 공업국이었던 독일에 제품을 판매하는 곳이 줄어듦을 의미했지요. 이로써 독일과 영국의 관계는 다시 악화되고 맙니다.

히틀러가 독일의 정권을 잡고 주변 국가에 영토를 요구하자 영국은 독일과의 전쟁을 피하기 위해 처음에는 타협적인 태도를 취합니다. 하지만 독일의 야망은 쉽게 사그라지지 않았습니다. 독일이 폴란드를 침공하자 영국은 마침내 방침을 변경하고 독일과의 전쟁에 뛰어듭니다.

제2차 세계대전이 일어나자 1년도 채 지나지 않아 프랑스는 항복하고, 독일은 영국 본토로 상륙하기 위해 무차별적인 공중 폭격을 시행합니다. 영국은 처칠 수상의 지휘 아래 공격을 견디면서 전쟁이 끝날 때까지 독일이 본토에 상륙하지 못하도록 막아냅니다.

✦ 영국을 대표하는 작곡가 엘가(1857~1934, 낭만파)

이 책에서는 헨델이 말년에 영국으로 활동지를 옮겼다거나, 하이든이 후기에는 런던에서 음악을 했다와 같은 독일 작곡가가 영국으로 본거지를 옮겼다는 이야기는 한 적 있지만, 영국인 작곡가를 직접 언급한 적은 거의 없습니다.

하지만 **엘가**는 영국 작곡가 하면 제일 먼저 언급되는 인물이자 영국에서 태어난, 영국을 대표하는 작곡가입니다. 클래식 곡을 잘 모르는 사람도 엘가가 만든 〈위풍당당 행진곡〉 제1번 멜로디는 들어본 적이 있을 정도로 유명하지요. 영국에서는 '제2의 국가'라고도 불리는 명곡입니다.

엘가는 대부분 독학으로 작곡을 배웠는데, 1899년 창작 주제에 의한 변주곡 〈에니그마〉를 쓰면서부터 명성을 얻기 시작했습니다. 고전적인 분위기에 선율을 중시한 엘가는 굳이 따지자면 보수적인 낭만파의 작풍을 따랐습니다. 이는 엘가가 영국에서는 소수파였던 가톨릭 가정에서 자랐고 아버지가 마을 교회의 오르가니스트였다는 점과, 런던 근처에 살면서 브람스나 슈만, 바그너 등의 연주회를 자주 보러 갔다는 점 등을 이유로 들 수 있습니다.

엘가의 대표곡

〈위풍당당 행진곡〉 제1번 (1901)

엘가는 〈위풍당당〉이라고 불리는 다섯 곡의 행진곡을 만들었는데 그중에서도 가장 유명한 곡이 제1번입니다. 중간부 선율은 실로 '위풍당당'이라는 제목과 참 잘 어울리지요. 영국 왕 에드워드 7세(빅토리아 여왕의 아들이자 엘리자베스 2세의 증조부)의 대관식을 위한 곡에도 이 선율이 인용되었습니다. 여기에 가사를 붙인 노래는 영국의 대규모 행사에서 빠지지 않고 등장할 정도입니다.

✦ 대작 〈행성〉으로 잘 알려진 홀스트 (1874~1934, 낭만파)

20세기 전반 영국의 음악계는 엘가와 홀스트, 본 윌리엄스, 월튼 등이 등장하면서 일종의 황금기를 맞이했습니다.

엘가와 견줄 만큼 지명도가 높았던 홀스트는 런던의 여학교에서 음악교사로 일하며 작곡 활동을 하며 대작 〈행성〉을 남긴 인물입니다.

홀스트는 여러 분야에 흥미가 있어서 잉글랜드의 민요와 알제리의 선율, 인도 문학, 점성술 등 다양한 소재를 음악에 사용했습니다(힌두교 성전에 곡을 붙인 합창곡도 만들었지요).

또 트롬본을 즐겨 연주해서 취주악곡도 작곡했는데 두 개의 조곡은 취주악의 명곡으로 알려져 있습니다. 그의 곡 중에서는 역시 점성술에 관한 관심에서 비롯된, 태양계 일곱 개의 행성을 소재로 한 대작 〈행성〉이 유명합니다.

홀스트의 대표곡

조곡 〈행성〉 중 '목성' (1914~1916)

지구를 제외한 일곱 개의 행성을 소재로 한 곡으로, 화성은 '전쟁을 초래하는 행성', 금성은 '평화를 가져오는 행성' 등 각 행성에는 점성술과 연관된 부제가 붙어 있습니다. 그중에서도 '쾌락을 주는 행성'이라는 부제가 붙은 목성은 전곡의 중심적 위치를 차지하며 가장 인상적이고 유명한 악장이지요. 중간부의 웅대하고 아름다운 선율은 공연에서 자주 접할 수 있으며 대중음악에서 편곡해 사용하는 경우도 많습니다.

옆 나라 독일과 두 번의 전쟁을 치른 고난의 시대

✦ 제1차 세계대전과 프랑스

프랑스에게 제1·2차 세계대전을 경험한 20세기 전반은 고난의 시대였습니다. 두 전쟁에서 모두 승전국이 되었지만 국경을 맞댄 독일과의 오랜 기간 이어진 격렬한 전투는 국토를 그야말로 폐허로 만들었기 때문이지요.

제1차 세계대전이 일어나기 전 독일의 비스마르크는 프랑스를 외교적으로 고립시킵니다. 원래 프랑스는 독일과 오랫동안 경쟁 관계에 있었기에 빌헬름 2세가 독일의 외교 정책을 확장 노선으로 전환하자, 독일과 대립각을 형성한 러시아·영국과 한편에 서서 삼국 협상을 맺고 독일에 맞서기로 합니다.

전쟁 초반 프랑스는 독일의 속공에 속절없이 밀렸지만 독일군의 다리가 묶이자 전황은 교착 상태에 빠지고 진흙탕 싸움으로 변합니다. 4년간의 격전 끝에 프랑스는 드디어 승리의 깃발을 얻어내지요.

✦ 전간기부터 제2차 세계대전의 프랑스

전쟁에서는 승리했지만 프랑스의 피해는 심각했습니다. 전쟁 후 독일에 대한 반감이 강했던 프랑스는 독일에 과혹한 배상금을 요구하지요. 이것이 이번에는 반대로 독일인의 감정을 자극하면서 히틀러 정권을 성립시키는 배경이 됩니다.

전간기의 프랑스는 일시적으로는 국제 평화를 위해 적극적으로 행동하지만 세계 공황이 일어나자 어쩔 수 없이 영국과 마찬가지로 문을 닫고 블록 경제권을 구축하며 독일과 대립합니다.

독일의 확장 정책에 대해서는 영국과 마찬가지로 처음에는 전쟁을 피하기 위한 방침을 취하지만, 독일이 폴란드를 침공하자 영국과 함께 선전포고를 하며 제2차 세계대전을 시작합니다. 오랜 기간 독일과 국경을 맞대고 있었던 프랑스는 제1차 세계대전 때와 마찬가지로 진두에 서서 독일을 공격하지만, 개전한 지 1년도 채 지나지 않아 파리를 함락당하고 독일에 항복하고 맙니다.

독일에 항복한 뒤 프랑스 북부는 독일 군에게 점령당하고, 남부에는 독일에 종속된 정부가 들어섭니다. 나라를 잃은 프랑스 장군 **드골**은 영국으로 망명해 '자유 프랑스 정부'를 세우고 영국의 라디오를 통해 프랑스 국민들에게 독일에 대한 저항을 호소하지요.

프랑스에게 기회가 찾아온 건 미국과 영국을 중심으로 한 연합군이 노르망디 상륙 작전에 성공하면서입니다. 프랑스 북동부까지 상륙해 온 연합군은 독일군을 몰아내면서 파리를 탈환하는 데 성공하지요. 파리로 돌아온 드골은 신정부를 조직합니다. 프랑스는 제1차 세계대전과 마찬가지로 제2차 세계대전에서도 고생 끝에 승전국에 오릅니다.

✦ 간결하면서도 신비로운 음악을 만든 사티(1866~1925, 신고전주의)

사티는 신고전주의로 위치 지어질 때도 있지만 이러한 분류가 꼭 들어맞지는 않는 작곡가이기도 합니다. 지금까지 소개했던 어느 작곡가의 곡과도 다른, 간결하면서도 꾸밈을 최소화한 독창성 짙은 곡을 만들었지요.

젊은 시절 사티는 파리 음악원에 입학했지만 교수에게 음악적 재능이 없다고 질타받으며 제적을 당합니다. 이후 파리의 번화가에 있는 술집에서 피아노를 치며 돈을 모은 사티는 스콜라 칸토룸이라는 학교에 다시 입학해 새로운 마음으로 음악을 공부합니다. 성가대의 전통을 계승한 이 학교에서 중세 음악의 어법을 공부하고, 간결한 소리를 반복해서 음악을 만드는 독자적인 기법을 고안해 냅니다.

사티 음악의 또 다른 특징으로는 패러디를 꼽을 수 있습니다. 〈배 모양을 한 세 개의 소품〉, 〈개를 위한 엉성한 전주곡〉 등 독특한 곡명이 많고,

---

사티의 대표곡

〈세 개의 짐노페디〉(1888)

사티는 많은 피아노곡을 만들었는데 대표작 〈세 개의 짐노페디〉에는 간결하고 신비로운 사티 음악의 특징이 잘 드러나 있습니다. 느긋한 리듬 위에 지극히도 심플한 선율이 얹어진, 지금까지의 클래식 곡과는 완전히 다른 맑은 느낌의 곡이지요. 영화와 TV에서도 나른하고 태평한 장면에서 자주 사용됩니다.

악보 속 지시에도 '많이 먹지 않도록, 혀끝으로'와 같은 식으로 풍자성과 독창성이 묻어납니다.

✨ 장조나 단조를 넘어서 독특한 소리를 만들어낸 드뷔시

(1862~1918, 상징주의·인상주의)

프랑스 작곡가 드뷔시는 열 살 때 파리 음악원에 합격해 처음에는 피아니스트를 목표로 공부합니다. 하지만 피아노로 상을 받지는 못하면서 점차 작곡가의 길로 들어섭니다.

작곡가로서의 드뷔시에게 큰 영향을 준 것은 바그너의 음악, 그리고 인도네시아 음악이었습니다. 화음 진행의 규칙에서 벗어난 듯한 바그너의 곡과, 파리 만국 박람회에서 접한 인도네시아*에 영향을 받은 드뷔시는 장조나 단조를 넘어선 '5음 음계'나 '전음 음계'를 사용해 독특한 소리를 만들어냈지요.

드뷔시가 만든 '상징주의' 음악을 대표하는 곡에는 〈목신의 오후에의 전주곡〉이 있습니다. 짐승의 모습을 한 신이 조는 광경을 묘사한 곡으로 명상적이면서도 나른한 분위기를 띤 독특한 매력을 지닌 곡이지요. 드뷔시가 만든 '인상주의' 곡으로는 바다의 모습을 회화적으로 표현하며 교향적 소묘라는 부제를 붙인 〈바다〉와 〈베르가마스크 모음곡〉의 세 번째 곡 '달빛'이 유명합니다.

---

* 가믈란 타악기를 사용한 인도네시아 전통 음악. - 옮긴이

〈베르가마스크 모음곡〉 중 '달빛' (1890)

곡집의 제목인 '베르가마스크'는 이탈리아 북부의 베르가모 지방의 춤 '베르가마스카'에서 유래했다고 합니다. 그중에서도 세 번째 곡인 '달빛'은 아름답고 애절한 밤을 표현한 곡으로 듣다 보면 정말로 달빛이 내려앉은 조용한 밤의 한 장면이 떠오르지요. 음이 조금 특이하게 들리는 이유는 옛날 교회음악의 음계를 사용했기 때문이라고 합니다. 전체 네 곡 중 다른 곡에서도 옛날 교회 음악의 음계가 사용되어 독특함을 느낄 수 있습니다.

관현악을 위한 세 개의 교향적 소묘 〈바다〉 (1903~1905)

드뷔시가 만든 곡 중에서도 가장 규모가 큰 작품인 〈바다〉는 바다의 정경을 스케치한 세 개의 악장으로 이루어져 있습니다. 잔물결을 나타내는 현악기와 반짝거리는 태양 빛을 나타내는 목관악기, 커다란 파도를 만드는 저음의 현악기와 금관악기 등 그야말로 '바다'의 스케치 그 자체라는 느낌을 주지요. 초판 악보의 표지에는 '가쓰시카 호쿠사이'의 그림 〈가나가와 해변의 높은 파도 아래〉가 삽입되어, 그의 이국적 취향도 살펴볼 수 있습니다.

라벨의 대표곡

〈쿠프랑의 무덤〉 (1919)

처음에는 피아노곡으로 만들어졌지만 후에 관현악곡으로 편곡되었습니다. 음악과는 그다지 어울리지 않는 '무덤'이라는 제목이 쓰인 이유는 각 곡이 제1차 세계대전에서 사망한 라벨의 지인을 추모하는 곡이기 때문입니다(라벨도 제1차 세계대전에 트럭 수송병으로 참전했지요). 전편에서 섬세하면서도 아름다운 소리를 즐길 수 있습니다.

라벨의 대표곡

〈볼레로〉 (1928)

라벨은 음악의 역사에 남을 만한 대담한 시도를 여러 차례 했습니다. 처음부터 끝까지 음악의 흐름이 돌연 반복해서 끊기는 〈라 발스〉나, 재즈의 요소를 넣은 〈피아노 협주곡〉 등이 혁신적인 명작으로 알려져 있지요. 그중에서도 두 개의 선율과 일정 리듬을 반복시키면서 커다란 클라이맥스로 나아가는 〈볼레로〉는 클래식 곡의 기본으로 유명합니다. 단순한 반복이 점차 열기를 띠면서 커다란 감동을 선사해 줍니다.

✦ 다채로운 음색을 쓰는 오케스트레이션의 마술사 라벨

(1875~1937, 인상주의·신고전주의)

프랑스 작곡가 드뷔시와 라벨은 '인상주의'라는 묶음으로 같이 언급되는 경우가 많아서 CD도 세트로 자주 발매되기도 합니다. 굳이 둘을 비교하자면 드뷔시는 라벨보다 좀 더 애매모호한 느낌의 '상징주의'적 성향이 강한 반면, 라벨은 화음과 음의 구성을 제대로 갖춘 '신고전주의'적 측면이 더 강하지요.

라벨의 신고전주의적 음악에는 〈마 메르 루아〉, 〈쿠프랭의 무덤〉 등이 있으며, 인상주의 음악으로는 〈거울〉이 유명합니다. 그는 다양한 악기를 조합해 오케스트라에서 다채로운 음색을 끌어내는 능력이 탁월해서 '오케스트레이션의 마술사'라고도 불립니다. 라벨의 다채로운 음색을 느낄 수 있는 작품으로는 발레 음악 〈다프니스와 클로에〉가 있습니다.

러시아 혁명으로 성립된
사회주의 국가, 소련

✦ 러일전쟁·제1차 세계대전과 러시아

19세기 후반 크림 전쟁과 러시아-튀르크 전쟁을 통해 지중해 방면으로 남하를 시도했던 러시아는 상황이 여의치 않자 20세기 초 시선을 돌려 태평양 방면으로 남하를 시도합니다. 여기서 맞닥뜨린 나라가 한반도로 진출을 꾀하고 있던 일본이었지요. 하지만 러일 전쟁에서 패한 러시아는 포츠머스 조약에서 불리한 조건을 받아들이며 태평양 방면으로 남하도 일단 단념해야 했습니다.

러일전쟁이 일어나는 동안 러시아 국내에서는 커다란 사건이 벌어집니다. 바로 '피의 일요일 사건'에서 시작된 **제1차 러시아 혁명**입니다.

농노해방령이 발표된 이후 러시아의 공업은 급속도로 발전했지만 노동자가 일하는 환경은 여전히 열악했기에 이들의 불만은 계속 쌓여만 갔습니다. 여기에 러일 전쟁까지 실패로 돌아가자 러시아 경제는 악화되며 노동자들은 빈곤에 허덕이게 되지요. 결국 노동자들은 대우 개선을 요구하며 다 함께 목소리를 높입니다.

'피의 일요일 사건'은 이러한 상황 속에서 일어납니다. 노동자들이 대우를 개선해달라고 황제에게 청원하기 위해 데모 행진을 벌이자 황제의 군대는 발포를 서슴지 않았고 2000명 이상의 사상자가 발생했지요. 이 사건을 계기로 러시아에서는 황제의 독재 정치에 대한 의문의 목소리가 높아지기 시작했습니다. 각지에서 농민 봉기와 노동자 파업이 잇따르면서 '러시아 혁명'이 일어나고 황제의 독재 정치가 흔들립니다.

러일 전쟁의 패배로 태평양 방면으로 남하를 일단 단념했던 러시아는, 다시 지중해 쪽으로 시선을 돌려 발칸 반도로 진출하려 합니다. 하지만 발칸 반도는 독일 황제 빌헬름 2세도 남하하려 노리고 있던 지역이었지요. 발칸 반도 안의 슬라브계 민족을 동맹국으로 조직하고 지중해로 가는 길을 확보하려는 러시아와, 발칸반도에 철도를 건설해 아시아로 진출하려던 독일은 첨예하게 대립합니다.

이러한 상황 속에서 발칸 반도의 **사라예보**에서 독일의 동맹국이었던 오스트리아 황태자를, 러시아의 동맹국이었던 세르비아계 민족주의자가 암

'피의 일요일 사건'을 소재로 한 곡

쇼스타코비치의 교향곡 제11번 〈1905년〉 (1957)

러시아와 소련의 역사를 음악으로 표현한 쇼스타코비치의 교향곡 중에서 〈1905년〉은 제1차 러시아 혁명의 계기가 되었던 '피의 일요일 사건'을 묘사한 곡입니다. 이 교향곡의 핵심은 '1월 9일'이라는 2악장으로, 피의 일요일 사건 당일이 음악으로 그려져 있지요. 황제의 군대가 민중을 향해 일제히 사격하는 장면은 작은 북을 연타하는 방식으로 표현되었으며, 이후 민중들이 공황 상태에 빠지는 모습도 생생하게 묘사되어 있습니다.

살하는 사건이 일어납니다. 이로써 오스트리아와 세르비아 간의 전쟁이 시작되고 이 충돌이 독일·오스트리아 진영과 영국·프랑스·러시아 진영 간의 싸움인 **제1차 세계대전**으로 발전합니다.

✦ 러시아 혁명과 소련의 성립

제1차 세계대전은 러일 전쟁보다 훨씬 오랜 기간 이어진 끔찍한 전쟁이었습니다. 또한 이 전쟁은 두 번의 혁명(이른바 러시아 혁명)을 불러옵니다. 다시 악화된 러시아 경제 속에서 식량 부족에 시달리던 수도 페트로그라드의 노동자들은 러시아력으로 1917년 2월 빵을 요구하는 시위를 했고, 이는 대규모 파업으로 이어집니다.

노동자의 요구는 점차 확대되면서 러시아 황제 타도와 전쟁 중지를 부르짖지요. 황제의 강력한 권력을 지지해왔던 병사들도 노동자들의 요구에 동조하기 시작하자, 당시 러시아 황제 **니콜라이 2세**는 더 이상 권력 유지가 불가능함을 깨닫고 스스로 퇴위합니다. 이것이 '러시아 황제를 끌어내린' **2월 혁명**입니다.

황제의 독재가 무너지고 새로운 임시정부가 수립되지만 이들은 민중의 기대를 배반한 채 전쟁을 계속합니다. 임시정부의 지지층에는 자본가가 많았는데 러시아만 전쟁에서 발을 빼면 동맹국 프랑스에서 받은 대출이 끊길 것을 우려한 것이지요. 전쟁이 끝나지 않자 곤란에 빠진 민중의 불만은 다시 거세집니다.

여기서 등장한 인물이 스위스로 망명했던 사회주의 지도자 **레닌**입니다. 러시아에 되돌아온 레닌은 전쟁 중단과 사회주의 수립을 호소하는 무장

봉기를 지도하고 임시 정부를 타도해 사회주의 정부를 세웁니다. 이것이 러시아를 '사회주의 국가로 만든' **10월 혁명**입니다. 새롭게 세워진 정부는 독일과 강화를 맺고 전쟁에서 발을 뺀 뒤 **소비에트 사회주의 공화국 연방**(소련)의 성립을 선언합니다.

✧ 세계 공황·제2차 세계대전과 소련

소비에트 연방은 세계 최초의 사회주의국가입니다. 토지와 공장 등을 나라가 소유하고 국가의 계획하에 모든 국민이 같은 만큼 일하고 같은 만큼 수입을 얻는, 평등의 실현을 최우선으로 삼은 국가지요.

레닌의 뒤를 이어 권력을 잡은 스탈린의 통치 아래 소련에서는 강력한 사회주의 정책이 추진되었습니다. 사회주의는 국가의 계획에 따라 경제가 움직이는 구조이기에 공황이 발생하기 어려웠지요. 그런 까닭에 전 세계에 공황이 덮친 와중에도 소련의 경제는 성장을 거듭하면서 소련은 사회주의 체제의 이점을 널리 알렸습니다.

하지만 사회주의는 '평등'이라는 거대한 이념을 국민 모두와 공유해야 했습니다. 사회주의 체제하에서 나만 빠져나와 돈을 벌려고 한다든지, 자유롭게 장사를 하려는 사람이 있으면 그 이념은 쉽게 무너지고 말지요. 그래서 국가에서는 국민의 사상을 강력하게 통제하려고 합니다. 예술도 예외는 아니어서 사회주의에 영합하고 찬동하는 내용만 허용되고 정권의 의향에 반하는 예술 행위는 엄격하게 단속했습니다.

스탈린은 제2차 세계대전 직전에 히틀러와 불가침조약을 맺고, 전쟁이 시작되자 폴란드 땅의 절반에 해당하는 동쪽 지역을 손에 넣습니다. 나아가 핀란드를 침공해 발트 삼국을 병합시킵니다.

하지만 독일과의 불가침 조약은 그리 오래 가지 않았습니다. 영국 본토에 상륙하려던 작전이 뜻대로 되지 않았던 독일이 불가침 조약을 파기하고 소련을 침공하자 **독소 전쟁**이 시작됩니다.

'절멸 전쟁'이라고도 불리는 독소 전쟁은 독일과 소련의 총력을 건 싸움이었습니다. 스탈린은 이 전쟁을 나폴레옹 전쟁 이래 국토를 방위하기 위한 '대조국전쟁'이라 부르며 병력을 총동원시켰지요. 그 결과 독일과 소련 모두에게 방대한 희생자를 남겼습니다.

독일군의 진격에 일시적으로 모스크바 근처까지 함락당했던 소련은 스탈린그라드 전투에서 전세를 역전시키며 전쟁에서 우위를 차지합니다. 소련은 동유럽 나라들을 독일에서 해방시키고 독일을 직접 공격함으로써 연합국이 승리하는 데 큰 역할을 합니다.

✦ 다양한 표현 수단을 모색한 스트라빈스키(1882~1971, 원시주의·신고전주의·무조)

러시아 작곡가 **스트라빈스키**는 원시주의, 신고전주의, 그리고 무조 음악 등 다양한 장르의 음악을 한 것으로 유명합니다. 초기 발레 작품이었던 〈불새〉, 〈페트루슈카〉, 〈봄의 제전〉은 러시아 민화나 민요를 도입한 음악인데, 그중에서도 1913년에 파리에서 초연된 〈봄의 제전〉은 원시적인 종교의식을 소재로 한 작품으로, 강렬한 리듬과 불협화음을 대담하게 활용한 원시주의 음악의 대표격이지요. 초연 당시에는 스트라빈스키의 강렬한 음악을 직접 접한 관객들이 술렁거리는 소리에 음악이 들리지 않을 정도였다고

발레 음악 〈불새〉 (1910)

스트라빈스키가 본격적으로 만든 첫 발레곡으로 러시아 발레단의 의뢰를 받아 작곡했습니다. 두 개의 러시아 민화를 바탕으로 하며, 왕자와 공주 그리고 행운의 상징이었던 불새와 마왕 카스체이가 엮어가는 이야기가 다채롭게 표현되어 있습니다. 주요 부분은 '카스체이 일당의 흉악한 춤'으로 천하고 상스러운 느낌의 강한 리듬과 빠른 속도감이 듣는 이에게 강렬한 인상을 남깁니다.

발레 음악 〈봄의 제전〉 (1913)

러시아 발레단에게 의뢰받은 대작 발레 음악 중 세 번째 곡입니다. 어지럽게 변하는 박자와 불협화음, 강렬한 리듬의 연속으로 초연을 관람했던 파리의 청중들은 음악을 따라가지 못해 연주 중임에도 시끄럽게 술렁거렸다는 이야기가 전해집니다. 원시시대 러시아에서 신의 사랑을 갈구한 소녀들이 죽을 때까지 춤을 춘다는 의식을 주제로 한 것부터 물의를 빚었지요. 하지만 이후 재평가되면서 명곡의 한 자리를 차지합니다.

합니다.

　스트라빈스키가 태어난 시대는 제1차 세계대전, 러시아 혁명, 제2차 세계대전을 치렀던 격동의 시기였습니다. 그는 어쩔 수 없이 스위스와 프랑스로 거처를 옮기기도 했고 프랑스를 점령한 나치스에게 비판을 받는 등 역사에 치이는 인생을 살았지요. 전후에는 주로 미국에서 작곡 활동을 했습니다.

✦ 로맨틱한 명곡을 남긴 라흐마니노프(1873~1943, 낭만파)

러시아 작곡가 라흐마니노프는 매우 손이 큰데도 고도의 기술을 선보인 피아니스트로도 유명합니다. 20세기 음악은 다양화 일로를 걷고 있었지만 작곡가로서의 라흐마니노프는 전통적인 낭만주의를 추구했지요. 하지만 1895년 만들어진 '교향곡 제1번'은 기록적인 대실패라고 일컬어질 만큼

라흐마니노프의 대표곡

피아노 협주곡 제2번 (1900~1901)

교향곡 제1번의 초연에 실패하고 마음의 병을 앓았던 라흐마니노프가 정신과 치료를 받은 뒤 부활을 꿈꾸며 작곡한 곡이 '피아노 협주곡 제2번'입니다. 초연은 대성공으로 끝났고 이후에도 라흐마니노프의 대표곡으로서 높은 인기를 누렸지요. 전편에 걸쳐 감미롭고 서정적이면서도 로맨틱한 선율이 가득 차 있으며 오케스트라의 연주도 매우 훌륭합니다. 피아노 협주곡 인기 순위에서는 항상 상위를 차지하는 명곡입니다.

악평을 받았고, 이에 자신감을 잃은 라흐마니노프는 한동안 작곡을 할 수 없었다고 합니다.

재기를 노리며 작곡한 '피아노 협주곡 제2번'과 '교향곡 제2번'은 로맨틱한 명곡으로 대성공을 거두었습니다. 이후 라흐마니노프에 대한 평가는 흔들림이 없었지요. 러시아 혁명기에 그는 연주 여행이라는 명목으로 러시아를 떠나 미국으로 건너갔는데 이후에는 주로 피아니스트로서 활동했습니다.

✦ 소련의 역사를 음악으로 그린 쇼스타코비치(1906~1975)

소련의 작곡가 쇼스타코비치는 러시아 혁명부터 두 개의 세계 전쟁, 그리고 냉전 시대까지 소련의 역사를 눈앞에서 직접 경험한 인물로, 이를 소재로 많은 교향곡을 만들었습니다.

쇼스타코비치의 작곡 활동은 소련 정부의 태도에 따라 좌지우지되면서 작곡한 곡이 연주 금지를 당하거나 스스로 초연을 보류한 적도 있습니다. 제2차 세계대전이 시작되자 쇼스타코비치는 체제에 영합하는 곡을 만들면서 작곡 활동을 계속해 나갔지요. 1953년 스탈린이 사망하고 그에 대한 비판 여론이 커지자 그전까지 연주가 금지되었던 곡이 다시 상연되고, 쇼스타코비치도 점차 자유로운 작곡 활동을 할 수 있게 되었습니다.

교향곡 제5번 (1937)

쇼스타코비치는 교향곡을 열다섯 곡이나 만들었는데 모두 개성이 뚜렷한 명곡입니다. 그중에서도 가장 인기가 높은 곡이 이 5번이지요(종종 '혁명'이라는 부제가 붙기도 합니다). 이전까지는 반체제적이라 평가받기도 하면서 애매한 입장을 취했던 쇼스타코비치는, 러시아 혁명 20주년이 되는 해에 작곡한 '교향곡 제5번'으로 소련 당국으로부터 극찬을 받습니다. 이후 이 곡은 명곡의 반열에 올랐고 쇼스타코비치의 명성을 드높여 주었지요. 4악장의 서두가 특히 유명합니다.

교향곡 제7번 〈레닌그라드〉 (1941)

제2차 세계대전 때 쇼스타코비치가 살았던 레닌그라드(현재의 상트페테르부르크)는 독일군에게 포위당한 바 있습니다. 〈레닌그라드〉는 독일군의 포위가 한창일 때 이를 주제로 쓴 곡이지요. 가장 유명한 부분은 1악장 중간에 나오는 '침공의 주제'입니다. 작은 북의 단순한 리듬이 점차 커져가는 구성으로 라벨의 〈볼레로〉를 떠오르게 하지요. 물밀듯이 밀려오는 적의 군대와 포위된 채 공격받는 모습이 잘 표현되어 있습니다.

두 세계대전을 승리로 이끌며 미국의 세기를 열다

✦ 제1차 세계대전과 미국

19세기 후반 남북전쟁으로 해외 진출이 정체되었던 미국은 19세기 말에 이르자 적극적으로 식민지 정책에 뛰어들었습니다. 그리하여 필리핀과 괌을 차지하고 그 과정에서 하와이도 자신들의 영토로 만들었지요. 미국은 단번에 대서양 국가에서 태평양 국가로 변모합니다.

제1차 세계대전은 미국에 큰 이익을 가져다준 전쟁이었습니다. 자신들의 땅에서 전쟁이 일어나지 않았던 덕에 국토가 황폐해지는 일 없이 승전국이 되었지요. 전후 미국은 배상금으로 곤란해진 독일에 돈을 빌려주고, 영국과 프랑스로부터는 전쟁 중에 빌린 돈을 회수하는 채권 국가가 되었습니다.

제1차 세계대전 후부터 세계 공황이 일어나기 전까지 미국은 호황을 누렸습니다. 자동차 생산이 증대되고 전기 제품이 보급되었으며 대량 생산, 대량 소비를 장점으로 내세우는 대중문화가 급속도로 발전했지요. 기업의 업적은 나날이 향상되고 주가가 끝을 모르고 올라가면서 너도나도 투기에 뛰어드는 '광란의 20년대'를 맞이했습니다.

문화적으로도 라디오 방송이 시작되고 재즈 음악이 유행했으며 월트 디즈니를 중심으로 디즈니 컴퍼니가 설립되는 등 다양한 변화가 일어났고 이는 음악 세계에도 막대한 영향을 끼쳤습니다.

✦ 세계 공황·제2차 세계대전과 미국

영원할 것 같았던 미국의 번영은 1920년대가 끝날 무렵 별안간 일어난 월 가의 주가 대폭락을 기점으로 끝이 나고 심각한 경제위기가 불어닥칩니다. 미국의 경제위기는 미국의 융자로 회복하고 있던 독일 경제도 무너뜨렸고, 프랑스와 영국에도 파급되었습니다. 바로 **세계 공황**이 시작된 것이지요.

전 세계에 공황이 퍼지자 각 나라는 블록 경제권을 구축하거나 파시즘 혹은 사회주의 사상을 퍼뜨리는 등 각자 살아남기 위해 다른 방향을 걷기 시작했고, 이는 나라 간의 대립을 불러왔습니다.

특히 미국은 일본이 아시아·태평양으로 진출하기 시작한 것을 우려했습니다. 금융 공황·쇼와 공황 등 공황이 연속해서 일어난 일본은 중국 동북부의 만주에서 시작해 중국 내부와 함께 동남아시아로 세력을 확대하면서 새로운 활로를 찾고 있었습니다. 특히 동남아시아로의 진출은 영국령과 프랑스령, 그리고 태평양의 미국령까지 노리고 있음을 의미한 것이지요.

미국은 일본과 싸우고 있는 중국 장제스 정부를 지원하는 동시에 일본에 경제제재를 가했지만, 아랑곳하지 않았던 일본은 진주만 공격을 감행하며 **태평양 전쟁**이 시작되었습니다.

일본과의 전쟁이 시작되면서 미국은 일본의 동맹국이었던 독일과 이탈리아와도 전쟁에 돌입했습니다. 미국은 유럽 전선에서는 전쟁의 형세를 뒤

바꾼 **노르망디 상륙작전**에서 활약했고, 태평양 전쟁에서는 일본군을 거의 혼자 상대했습니다. 그리고 양쪽 전선에서 모두 승리하며 연합국 승리의 중심이 되었지요. 제1·2차 세계대전에서 자국 영토의 피해는 거의 없이 승리를 손에 넣은 미국은 이후 세계를 주도하는 패권국가로 자리매김합니다.

제 10 장

전후의
세계

냉전 체제를 지나
다극화·글로벌화의 시대로

✦ 냉전의 시작과 전개(1940년대)

10장에서는 제2차 세계대전 후의 세계를 살펴보고자 합니다. 전후의 세계는 미국과 소련, 두 대국을 중심으로 형성된 냉전 구조 속에서 전개됩니다.

미국은 태평양 전쟁에서 일본에 맞서 싸우고, 유럽 전선에서는 전세를 크게 바꾸어놓은 노르망디 상륙 작전의 중심에 있었습니다. 소련은 지옥과도 같았던 독소전쟁에서 이기고 독일을 끝내 몰아냈지요. 이처럼 미국과 소련은 제2차 세계대전을 승리로 이끄는 데 크게 기여했습니다.

그런 까닭에 미국과 소련은 각각 자본주의 국가와 사회주의 국가의 맹주로서 첨예하게 대립합니다. 저마다 세계의 여러 나라들을 동맹국으로 끌어들여서 자본주의 진영과 사회주의 진영을 형성했지요. 대략 서유럽은 미국 진영(서측), 동유럽은 소련 진영(동측)이 되었습니다(이 구도에서 동쪽의 폐쇄성을 두고 영국의 처칠은 '철의 장막'이라고 부르며 비판했지요).

이러한 대립 관계는 '냉전(차가운 전쟁)'이라 불렸고, 미국과 소련은 각각 유리한 위치를 점하기 위해 핵무기 개발과 군비 증강에 총력을 기울였습니다.

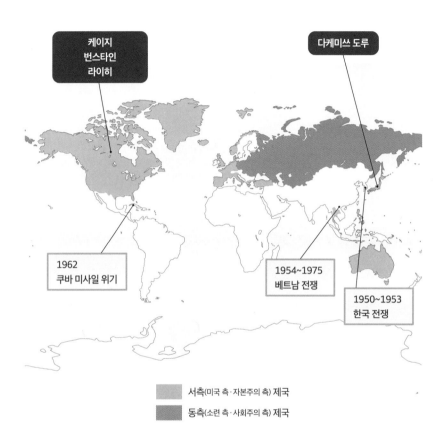

냉전 시대의 무대

케이지
번스타인
라이히

다케미쓰 도루

1962
쿠바 미사일 위기

1954~1975
베트남 전쟁

1950~1953
한국 전쟁

서측(미국 측·자본주의 측) 제국
동측(소련 측·사회주의 측) 제국

✦ 스탈린의 사망에 따라 냉전은 휴식기로(1950년대)

'냉전'이란 미국과 소련이 직접적으로 전쟁을 하지 않고 군비를 증강하면

서 서로 견제하는 정세를 가리키는데, 냉전 체제 속에서도 실제로 '뜨거

운 전쟁'이 발발한 경우도 있습니다. 대표적인 예가 1950년에 시작된 한국

전쟁입니다. 일본도 이 **한국 전쟁**을 계기로 강화를 맺으며 미국의 '점령지'

에서 '동맹국'으로 재출발하지요.

팽팽한 긴장감이 깔려 있던 냉전 체제 속에서 일시적으로 긴장이 완화된 '해빙'의 시기가 찾아온 적도 있었습니다. 1953년에 스탈린이 사망했기 때문이지요. 미국과의 대립을 강력하게 밀고 나가며 독재 권력으로 국내를 통제하던 스탈린이 서거함에 따라 냉전의 긴장감은 한층 느슨해졌고 국제적으로도 대화의 분위기가 형성되었습니다. 이러한 분위기를 타고 정부의 강력한 통제로 인해 자유로운 예술 활동을 제한받았던 소련의 작곡가(쇼스타코비치 등)들도 자신만의 표현을 하기 시작했습니다.

✦ 다시 불붙은 냉전과 미국·소련의 지위 하락(1960·1970년대)

하지만 '해빙'의 시기는 단순한 '휴식기'에 지나지 않았습니다. 소련이 인공위성 스푸트니크 발사에 성공하면서 로켓 기술로 둔갑한 소련의 미사일 개발이 전 세계에 알려진 것이지요.

그리고 1962년 소련이 사회주의 국가 쿠바에 미사일 기지를 건설하자, 미국이 이에 대항하기 위해 쿠바의 해상을 봉쇄해 버리면서 '쿠바 미사일 위기'가 발생합니다. 세계가 전면적인 핵전쟁에 돌입하기 직전이었던 이 사건으로 냉전은 다시 수면 위로 떠오릅니다.

냉전이 재연되면서 일어난 전쟁이 베트남 전쟁입니다. 사회주의 국가였던 베트남에 미국은 남부의 정권을 지원하면서 북부의 사회주의 정권을 공격했습니다. 이 전쟁은 점점 진흙탕 싸움이 되고 말지요. 베트남 전쟁의 양상은 TV를 타고 전 세계에 보도되었고 반전 운동이 일어나면서 전쟁을 계속하려는 미국의 태도는 강한 비판을 받기 시작했습니다. 미국에 대한 비판적 여론이 거세지자 미국의 국제적인 지위는 하락합니다.

같은 시기 소련도 예전의 명성을 잃어버립니다. 1968년에 '프라하의 봄'이라고 불리는 체코슬로바키아의 민주화 운동을 소련이 무력으로 진압하는 사건이 일어나는데, 이 모습이 TV를 통해 국제 사회에 고스란히 보도되면서 소련에 대한 비판적 여론이 형성된 것입니다.

✦ 소련의 붕괴와 냉전의 종결(1980·1990년대)

1980년대에 들어서자 소련은 경제적으로 곤궁해집니다. 자본주의의 우월함이 드러나면서 소련 사람들은 사회주의 이념과 사상을 더 이상 신뢰할 수 없었지요. 생산 설비의 갱신이나 기술의 혁신은 없었고 경제 성장률은 0에 가까워졌습니다. 이에 정권을 맡고 있던 고르바초프는 **페레스트로이카**(개혁)를 슬로건으로 내세우며 낡은 체제에 빠져 정체되어 있던 소련을 바꾸고자 했습니다.

그러던 와중에 1986년 체르노빌 원자력 발전소에서 거대한 폭발 사고가 일어나고 세계적인 뉴스가 되었습니다. 소련 정부가 정보를 빨리 파악하지 못하면서 대응이 늦어진 점도 사태를 더 악화시키는 원인이 되었지요. 이때 고르바초프는 **글라스노스트**(정보 공개)의 필요성을 통감하고 페레스트로이카의 주요 정책으로 이를 추진합니다. 또 1990년 고르바초프와 미국 레이건 대통령은 드디어 냉전 종결에 합의하지요.

하지만 이 정보 공개가 소련의 붕괴를 촉진시켰습니다. 보도의 자유가 허용되자 정부에 비판적인 언론도 조금씩 목소리를 내기 시작한 것입니다. 결국 1991년에 고르바초프의 개혁에 반대하는 쿠데타가 일어났고, 이를 진압한 러시아 공화국의 대통령 옐친이 실권을 잡습니다. 이로써 소련 공산당은 이제 힘을 잃었음이 드러나면서 소련은 해체됩니다.

✦ 미국의 영향력이 하락한 '다극화' 시대(2000년대)

소련이 붕괴되자 유일한 대국이 된 미국은 경제적으로나 정치적으로나 세계에 커다란 영향력을 가지게 됩니다. 미국은 '세계의 경찰'을 자처하며 팔레스타인과 중동, 유고슬라비아의 분쟁과 전쟁에 개입하지요. 이와 같은 미국의 태도에 이슬람교를 믿는 중동 국가들과 미국과 다른 가치관을 지닌 지역의 사람들은 적대적인 자세를 취합니다. 이러한 상황 속에서 일어난 사건이 2001년에 터진 9·11테러지요. 또한 2008년에는 리먼 쇼크라고 불리는 미국발 경제 위기가 발생합니다. 2000년대로 들어서면서 미국의 영향력은 점점 줄어드는 경향을 보입니다.

냉전이 종식되고 미국의 영향력이 줄어듦에 따라 세계는 하나 혹은 두 개의 대국이 아닌 다양한 나라와 지역이 서로 영향을 주고받는 '다극화', '글로벌화' 시대로 들어섭니다.

이를 대표하는 예가 EU(유럽 연합)의 성립과 중국의 대두입니다. 유럽에서는 1950년대에 석탄과 철강, 원자력 등을 공동 관리하고 경제 협력을 추구하는 조직이 설립되었는데, 이것이 1967년에는 EC(유럽 공동체), 1992년에는 EU로 발전합니다. 이후 민주화를 달성한 동유럽 제국들이 차례차례 가입하면서 현재 EU는 미국과 어깨를 나란히 할 만큼 거대한 경제권을 형성했지요.

중국은 2000년대 초부터 '세계의 공장'으로서 눈부신 경제 발전을 이룩하고 세계 2위의 경제 대국으로 발돋움하면서 전 세계의 경제와 정치에 커다란 영향을 주는 나라로 성장했습니다.

✦ 다양한 방향성을 모색한 20세기 후반의 음악

제2차 세계대전 이후에도 작곡가들은 여러 방향의 길을 모색하면서 음악의 다양성은 더욱 확대됩니다. 재즈와 대중음악 등 다른 장르의 음악을 섞기도 하고 전자 음악과 컴퓨터를 사용한 음악도 보편화되었지요.

소재의 형태를 조금씩 변화시키면서 집요하게 반복하는 미니멀 음악이나, 일부러 우연적인 요소를 넣어서 작곡가조차 예상할 수 없는 음향을 만들어내는 실험적인 음악도 많이 등장했습니다.

현재는 인터넷 시대로 돌입해 작곡가가 음악을 선보이는 방법도 다양해졌고, 레코드에서 CD, 인터넷 등으로 소비자가 음악을 접하는 방법도 진화했습니다.

✦ 지휘자로서의 명성도 높았던 번스타인(1918~1990)

미국 작곡가 번스타인은 지휘자로서의 명성도 높아서 뉴욕 필하모닉과 빈 필하모닉 오케스트라와 함께 다수의 명반을 남겼습니다. 지휘자로서 그의 기념비적인 연주를 꼽자면 1989년 베를린 장벽 붕괴 기념 콘서트에서 다섯 개 국가로 이루어진 합동 오케스트라를 지휘한 베토벤 교향곡 제9번을 들 수 있습니다.

교향곡 세 곡과 수많은 관현악곡을 만든 번스타인의 주목할 만한 작품 활동은 뮤지컬 음악입니다. 그의 대표작 〈웨스트사이드 스토리〉는 셰익스

번스타인의 대표곡

〈웨스트사이드 스토리〉 중 '맘보' (1957)

지휘자가 아닌 작곡가 번스타인의 대표곡은 뮤지컬 〈웨스트사이드 스토리〉의 음악입니다. 재즈의 요소를 섞은 명곡들과 훌륭한 스토리 전개가 매우 돋보이는 작품이지요. 나중에 번스타인은 뮤지컬 음악 중 일부를 선택해 조곡 〈심포닉 댄스〉를 만듭니다. 아무런 설명이 없어도 한 번 들으면 누구나 이해할 수 있는 음악이지요. '맘보'는 이 〈심포닉 댄스〉 중 한 곡입니다.

피어의 『로미오와 줄리엣』을 현대적으로 재해석한 뮤지컬인데, 여기에는 '마리아', '투나잇' 등 오페라의 아리아와 같이 목소리를 한껏 높여 부르는 곡과, '맘보', '아메리카'처럼 재즈와 라틴 음악을 섞은 흥겨운 분위기의 곡 등 개성적인 음악이 가득 담겼습니다. 전부 연주하려면 2시간 반을 훌쩍 넘어서 번스타인은 직접 연주회용으로 조곡 〈심포닉 댄스〉를 만들었는데 덕분에 연주회에서 접할 기회가 많아졌지요. 이 외에도 2008년부터 2015년 사이에 방영된 일본 TV 프로그램 《제목이 없는 음악회》의 주제곡이었던 〈캔디드〉의 서곡도 유명합니다.

✦ 기존의 개념을 깨고 실험적인 음악을 만든 케이지(1912~1992)

미국 작곡가 케이지는 기존 음악의 개념을 깨는 실험적인 음악을 다수 작곡한 것으로 유명합니다.

예를 들면, 피아노 현에 일부러 볼트와 나사, 지우개와 플라스틱 조각을 끼워 음색을 변화시킨 〈프리페어드 피아노를 위한 소나타와 간주곡〉과, 잡지와 골판지, 가구 등을 사용한 〈거실 음악〉 등이 있습니다. 어찌 보면 그냥 장난기 가득한 음악처럼 들리지만 기발할 뿐 아니라 명상적인 울림을 선사하는 작품의 경지에 오른 음악들이지요.

케이지의 이름을 일약 세계에 알린 곡은 음을 내지 않는 음악인 〈4분 33초〉입니다. 이 곡은 연주 시간에 해당하는 4분 33초 동안 연주자가 아무런 악기도 연주하지 않고 침묵을 지키다가 그 상태로 공연이 끝납니다.

케이지가 의도한 바는 '그 시간 동안 귀에 들어온 모든 음(홀 안에서 들리는 잡음이나 사람들의 숨소리 등 들리는 모든 소리)이 음악이다'였는데, 물론 초연 당시에는 '과연 이게 음악인지' 의문을 제기하는 목소리에 열띤 갑론을박이 벌어졌지요. 지금은 가치 있는 작품으로서 받아들여지고 있습니다.

케이지의 대표곡

〈프리페어드 피아노를 위한 소나타와 간주곡〉 (1946~1948)

금속 볼트와 고무, 플라스틱 조각을 피아노 내부에 달아서 일부러 음을 바꾼 '프리페어드 피아노'를 위해 작곡된 곡입니다(볼트 등은 그냥 아무렇게나 두는 것이 아니라 어디에 배치할지 세심하게 고민해서 결정한다고 합니다). 클래식 음악의 틀을 한참 뛰어넘는 곡으로, 고대 인도의 사상에 영향을 받아 '평안함을 추구하는 경향'을 엿볼 수 있습니다.

✦ 일본 특유의 정서를 활용한 다케미쓰 도루(1930~1995)

일본 작곡가 **다케미쓰 도루**는 거의 독학으로 음악을 공부했습니다. 피아노 곡 〈두 악장의 렌토〉를 발표하면서 작곡가로 데뷔한 그는 전위적인 음악을 만드는 한편, 영화와 무대, TV 프로그램의 음악도 다루면서 폭넓게 활동했지요. 그의 음악은 일본 특유의 정서를 느끼게 하며 비파와 퉁소, 아악에서 쓰는 악기 등 전통 악기를 쓴 곡이 많은 것이 특징입니다.

1957년에 작곡한 〈현악 오케스트라를 위한 레퀴엠〉은 그의 초기 대표작으로 초연 당시 평가는 그리 좋지 못했습니다. 하지만 2년 후 일본을 방문한 스트라빈스키의 귀에 들어오면서 높이 평가받자 연주 기회가 늘어났고, 세계적인 오케스트라의 공연에 오르기도 했지요. 이때부터 점차 그의 기악곡과 영화 음악에 대한 평가가 높아지면서 '세계의 다케미쓰'라고 불리게 됩니다.

다케미쓰 도루의 대표곡

〈현악 오케스트라를 위한 레퀴엠〉(1957)

이 작품은 다케미쓰 도루의 초기 대표작입니다. 그는 20대 전반이라는 젊은 나이에 결핵을 앓으면서 다가올 죽음을 예감하며 이 곡을 만들었다고 합니다(이후 회복해 예순다섯에 세상을 떠납니다). 전편에 걸쳐 무겁고 슬픈 분위기가 풍깁니다. 주로 추모 음악으로 사용되는 곡으로, 동일본대지진 직후에는 세계적인 오케스트라가 연주곡목 안에 넣으면서 희생자들을 향한 애도의 뜻을 하늘에 전달하기도 했습니다.

✦ 독특한 도취감의 미니멀 음악 대표주자 라이히(1936~)

라이히는 미니멀 음악을 중심으로 활동한 미국 작곡가입니다. 미니멀 음악이란 최소한의 음을 집요하게 반복하면서 여기에 조금씩 변화를 주는 음악을 말하지요. 조금씩 변하는 음의 형태에 귀를 빼앗기는 동안 독특한 도취감을 얻을 수 있습니다. 특히 라이히의 음악은 귀에 쉽게 익숙해지는 편이라 미니멀 음악과 친해지는 데 적합하지요.

많은 음악을 발표한 라이히의 대표작은 초기 작품 〈드러밍〉과 중기 작품 〈18인의 음악가를 위한 음악〉 등이 있습니다.

그는 유대계 이민자의 아들이었던 까닭에 말년에는 제2차 세계대전 속 유대인의 운명과 관련된 곡과, 『구약성서』의 이야기를 다룬 오페라 〈더 케이브〉를 만들기도 했습니다. 미국의 9·11테러를 소재로 〈WTC 9/11〉이라는 곡을 쓰기도 했지요.

라이히의 대표곡

〈18인의 음악가를 위한 음악〉 (1975)

라이히의 곡 중에서도 높은 평가를 받는 〈18인의 음악가를 위한 음악〉은 고동 소리와 같은 리듬에 맞추어 다양한 패턴이 조금씩 바뀌면서 연주되는 곡입니다. 반복되면서 조금씩 달라지는 패턴이 느껴지면 묘한 도취감을 얻을 수 있지요. 클래식 음악에서 사용되는 현악기와 관악기, 타악기, 피아노, 그리고 여자 목소리의 조합으로 마치 전자음과 같은 소리를 내는 것도 참으로 놀랍습니다.

역사와 함께 떠나는 음악 여행은 어떠셨나요? 그동안 나도 모르게 흘려들었던 곡들의 이름을 알고 역사적 배경을 공부하고 나니 전에는 없었던 흥미가 생기지 않았나요?

저는 역사와 음악에는 많은 공통점이 있다고 생각합니다.

첫째는 둘 다 '시간 축을 바탕으로 한 드라마'라는 점입니다. 역사에서는 여러 인물이 세상을 바꾸고, 작은 사건이 한참 후에 생각지도 못한 변화를 이끌어내고, 한 영웅의 존재가 역사를 크게 뒤흔들기도 합니다. 그리고 때로는 클라이맥스와 같은 커다란 사건이 터지면서 세상이 180도 뒤집히기도 하지요. 바로 여기에 역사가 지닌 드라마틱한 매력이 있습니다.

음악도 다양한 멜로디가 등장하고 때로는 밝게, 때로는 어둡게 곡조가 변하고, 듣다 보면 어디선가 들어봤던 명선율을 만나게 됩니다. 클라이맥스에 이르면 깊은 감동도 느낄 수 있지요. 이것이 음악이 지닌 드라마틱한 매력입니다. 이처럼 역사와 음악에는 오랜 세월 동안 여러 일을 겪어왔기 때문에 줄 수 있는 감동이 있습니다.

역사와 음악의 또 다른 공통점으로는 '다양한 콘텐츠와 연결되어 그것의 즐거움을 배가 시킨다'는 점입니다. 문학과 영화, 회화, 음악 등 역사와 관련된 다양한 콘텐츠는 그 역사적 배경을 알면 몇 배나 더 즐겁게 볼 수 있습니다. 그리고 여행에서 유적과 건축, 사건이 일어난 장소 등을 둘러볼 때 역사의 숨결을 온몸으로 느낄 수 있지요.

음악도 영화나 TV 프로그램, 광고에 쓰이면서 콘텐츠의 매력을 몇 배나 더 끌어올리는 역할을 합니다. 또 독서나 운동, 일을 할 때, 에너지를 끌어올리거나 마음을 차분히 가라앉히고 싶을 때 등 상황에 따라서 자신에게 맞는 음악을 골라 인생이라는 콘텐츠의 즐거움을 한층 더 끌어올릴 수 있지요. 그리고 때로는 연주회에 가서 라이브 음악을 들으며 음악이 주는 감동을 온몸으로 맛볼 수도 있습니다.

이러한 즐거움을 얻는 일은 현대를 살아가는 우리에게 어쩌면 절실한 과제일지도 모릅니다. 산업혁명으로 인간은 고된 노동에서 해방되어 여유를 얻기 시작했습니다. 그리고 지금은 인간의 노동이 AI나 로봇에게 전가되는 4차 산업혁명이 일어나고 있지요. 따라서 앞으로는 인생에 대한 가치관이 여러모로 달라질 것입니다. 얼마나 공부하고, 일할지보다는 100년의 인생을 얼마나 충실하게 즐길 것인가가 사람들의 중요 과제가 될 것이라는 말입니다. 그러니 이 책을 통해 역사를 공부하고 명곡을 들으면서 인생의 즐거움을 마음껏 누려보세요.

끝으로 제가 지금까지 소속되었던 지쿠시가오카 고교 취주악부, 와세다 대학 필하모니 관현악단, 윈드밀 오케스트라, 니자 교향악단, 니시도쿄 필하모니 오케스트라, 다자이후 시민 취주악단의 동료들과 후쿠오카현 공립 고가쿄세이칸 고등학교 취주악부 분들께 감사를 전하고 싶습니다. 여러분과 함께 연주했던 곡 하나하나의 추억이 이 책을 쓰는 원동력이 되었습니다. 아울러 가장 소중한 나의 음악 동료인 아내에게도 이 자리를 빌려 깊은 감사를 전합니다.

2023년 6월 야마사키 게이이치

그냥 넘어가긴
아쉬운 명곡들

여기서는 본문에 싣지 못해서 아쉬움이 남는
명곡들을 소개하고자 합니다.
역사와 음악을 좀 더 깊이 즐겨봅시다!

제 1 장

모차르트의 레퀴엠 '분노의 날'

모차르트의 레퀴엠 중 '분노의 날'을 소개하고 싶습니다. 본문에서 설명한 바와 같이 '분노의 날'은 레퀴엠 전반부의 클라이맥스로 신이 인간을 판가름하는 '최후의 심판' 중 한 장면을 나타내지요. 강렬한 멜로디로 이루어진 곡으로 신의 분노에 벌벌 떠는 인간이 표현되어 있습니다.

베르디의 레퀴엠 '분노의 날' (1874)

이 '분노의 날'은 TV 프로그램에서 배경 음악으로 자주 사용되는 곡입니다. 타악기가 효과적으로 사용되어 마치 누군가를 다그치는 듯한 표현이 매우 인상적이지요. '경이로운 나팔 소리'라는 가사 부분에서는 객석에서 트럼펫 소리가 울리도록 연출되었습니다.

베를리오즈의 레퀴엠 '분노의 날' (1837)

베를리오즈의 레퀴엠 중 '분노의 날'은 네 군데에 따로 배치된 금관악기 연주자의 팡파르와 오케스트라 뒤쪽에 죽 늘어선 16대의 팀파니 소리 등으로 웅장하고 아름다우면서도 입체적인 음향을 즐길 수 있습니다. 이 곡은 1830년에 일어난 프랑스 7월 혁명의 희생자를 애도하는 미사를 위해 만들어졌습니다.

제 4 장

바이올린 협주곡 〈사계〉 중 '봄' (1725)

본문에서는 〈사계〉 중에서 '겨울'을 소개했는데 사실 가장 유명한 부분은 '봄'의 서두입니다. 원래 〈사계〉는 전부 싣고 싶었는데 본문에서는 한 곡만 소개해야 하다 보니 아쉬운 마음이 컸습니다. 그래서 여기서는 '봄'을 소개합니다. 기쁨에 넘치는 밝은 분위기의 곡이지요.

바이올린 협주곡 〈사계〉 중 '여름' (1725)

'여름' 중에서는 3악장을 추천하고 싶습니다. 여름의 폭풍우를 표현하는 격렬한 분위기의 곡으로 멋있는 클래식 곡 중 하나로 꼽히지요. 실내악 콘서트 앙코르 자리에서 이 곡이 연주되면 분위기가 한껏 고조됩니다.

제 5 장

교향곡 제60번 〈멍청이〉 (1774)

하이든의 재미있는 교향곡 중에서는 60번을 소개하고 싶습니다. 〈멍청이〉라는 부제로 잘 알려진 이 곡은 마지막 악장에서 바이올린의 튜닝을 일부러 엉망으로 한 뒤 연주를 하다가 도중에 조율을 해서 맞추어가는 연출이 나옵니다. 튜닝을 엉망으로 한 멍청이가 바이올린을 연주한다는 뜻이지요.

오페라 〈후궁 탈출〉 중 서곡 (1782)

〈후궁 탈출〉은 〈후궁으로부터의 유괴〉, 〈후궁으로부터의 도주〉라는 제목으로도 불리며 모차르트의 오페라 중에서도 비교적 젊은 시절에 쓰인 곡입니다. 줄거리는 튀르키예인에게 잡혀가 후궁이 된 애인을 궁궐에서 구해내는 이야기로, 튀르키예를 경쟁자로 생각하는 유럽의 사고방식이 드러나 있지요. 분위기가 발랄하고 음처리가 분명해서 누구나 쉽게 들을 수 있는 곡입니다. 북, 심벌즈, 트라이앵글과 같은 '튀르키예 군악 세트'를 사용해서 이국에서 벌어지는 좌충우돌기를 극으로 잘 표현했습니다.

제 6 장

교향곡 제6번 〈전원〉 (1808)

서두

2악장
마지막 부분

베토벤의 〈전원〉 교향곡은 3번 〈영웅〉에 이어서 제목이 붙은 두 번째 교향곡입니다. 〈영웅〉과 마찬가지로 〈전원〉도 음악에 제목을 붙인 다음 그 이미지를 바탕으로 곡을 쓰는 '표제음악'의 선구자와 같은 역할을 했지요. 다섯 개의 악장에는 '전원에 도착했을 때의 유쾌한 기분', '시냇가에서', '폭풍' 등의 제목이 붙어 있고 그 모습이 다양한 이미지로 음악에 묘사되어 있습니다. 베토벤 자신은 '그림이 아닌 그 모습에서 받은 감정을 음악으로 만들었다'고 했지만 서두에 나오는 전원 풍경의 묘사나 새가 지저귀는 2악장의 마지막 부분의 묘사 등은 실로 전원의 풍경을 눈앞에 그림처럼 떠오르게 하지요.

교향곡 제7번 (1811~1812)

교향곡 제7번은 베토벤의 곡 중에서도 인기가 매우 많은 곡 중 하나로 클래식 음악을 소재로 해서 호평을 받았던 TV 드라마 《노다메 칸타빌레》에서도 효과적으로 쓰였던 곡입니다. 짧은 주제 선율을 여러 번 되풀이해서 사용하는 베토벤의 특징이 잘 드러나 있고, 특히 1악장에 나오는 기쁨이 폭발하는 듯한 들뜬 리듬이 매우 인상적입니다. 전곡에서 리듬을 중시하는 이 곡을 두고 바그너는 '무도의 성화(聖化)'라며 극찬을 아끼지 않았다고 합니다.

제 7 장

교향곡 제3번 〈라인〉 (1850)

서두

슈만의 교향곡 중에서 가장 마지막에 작곡된 곡이지만, 두 번째로 쓴 곡이 나중에 출판되면서 이 곡이 3번 교향곡이 되었습니다. 제목 〈라인〉은 슈만이 직접 붙인 것은 아니지만, 슈만은 평소에 이 라인강 주변을 자주 산책했다고 알려져 있습니다. 곡을 들어보면 웅대한 라인강의 물결이 눈에 떠오르는 듯하지요. 4악장은 오르간이 사용되면서 엄숙한 교회 음악의 느낌을 풍기지만, 슈만에 따르면 이는 독일 통일의 상징이었던 쾰른 대성당의 엄숙함을 표현한 것이라 해서 독일 통일의 기운을 나타내는 곡으로도 알려져 있습니다.

4악장

제 8 장

푸치니의 대표곡

오페라 〈투란도트〉 중 '아무도 잠들지 마라' [1924 (미완성)]

푸치니의 오페라 중 유명한 작품으로는 〈라보엠〉 외에도 〈투란도트〉가 있습니다. 본문에서는 베리스모 오페라를 소개하기 위해서 〈라보엠〉을 실었지만, 사실 이 곡을 올릴지 말지 마지막까지 고민했지요. 중국과 중앙아시아를 소재로 한 오페라 〈투란도트〉는 이국적 분위기를 풍기는 대표적인 곡입니다. 왕자 칼라프가 달빛 아래에서 사랑을 노래하는 인상적인 곡입니다.

제 9 장

러시아 혁명을 소재로 한 곡

쇼스타코비치의 교향곡 제12번 〈1917년〉 중
3악장 '오로라' (1961)

많은 교향곡으로 소련의 역사를 그렸던 쇼스타코비치가 러시아 제1차 혁명을 그린 교향곡 제11번 〈1905년〉에 이어서, 러시아 제2차 혁명(이른바 러시아 혁명)을 그린 곡이 교향곡 제12번 〈1917년〉입니다. 그중에서도 3악장 '오로라'는 10월 혁명의 신호탄을 쏘았다고 평가되는(이 의견은 부정되기도 합니다만) 순양함 오로라 호의 포격이 타악기로 훌륭하게 표현되어 있습니다.